當代英雄 從台灣出發

台大學生的俄羅斯與後蘇聯行旅

Герои нашего времени

Из Тайваня в Россию

и постсоветское пространство

國家圖書館出版品預行編目（CIP）資料

當代英雄從台灣出發——台大學生的俄羅斯與後蘇聯行旅
Герои нашего времени из Тайваня в Россию и постсоветское пространство / 金威澄、李正哲、李冠儒、詹竣翔、江承頤、
曾毓媛、吳連哲、王立宏、廖德融、劉柏賢、沈祥茵 著 .
-- 初版 . -- 臺北市：櫻桃園文化出版有限公司 , 2021.11
256 面；17x23 公分 . -- (CF；4)
中俄對照
ISBN 978-986-97143-5-8（平裝）
1. 遊記 2. 旅遊文學 3. 世界地理
719   110016722

CF 4
當代英雄從台灣出發──台大學生的俄羅斯與後蘇聯行旅
Герои нашего времени из Тайваня в Россию и постсоветское пространство

作者：金威澄、李正哲、李冠儒、詹竣翔、江承頤、曾毓媛、吳連哲、王立宏、廖德融、劉柏賢、沈祥茵（依文章排版序）
中文版特約主編：熊宗慧
俄文版特約主編：索奧加（Ольга Павловна Сологуб）
編輯：丘光
校對（中文）：許文婕
版面設計（封面及內頁）：丘光
出版者：櫻桃園文化出版有限公司
地址：116 台北市文山區試院路 154 巷 3 弄 1 號 2 樓
電子郵件：vspress.tw@gmail.com
網站：https://vspress.com.tw/

印刷：世和印製企業有限公司

總經銷：遠足文化事業股份有限公司
地址：231 新北市新店區民權路 108-2 號 9 樓
電話：02-22181417　傳真：02-86671891

出版日期：2021 年 11 月 17 日初版 1 刷（тираж 1 тыс. экз.）
定價：480 元

圖片來源：書封圖片／熊宗慧；中文版書名頁圖片／吳連哲；俄文版書名頁圖片／丘光；各篇圖片除標示攝影者外皆為作者提供。

Герои нашего времени

Из Тайваня в Россию и постсоветское пространство

當代英雄 從台灣出發

——台大學生的俄羅斯與後蘇聯行旅

金威澄、李正哲、李冠儒、詹竣翔、江承頤、曾毓媛、吳連哲、王立宏、廖德融、劉柏賢、沈祥茵 著

莫斯科台北經濟文化協調委員會駐台北代表處代表 白樂賢、
台灣大學外文系副教授 索奧加、台灣大學外文系副教授 熊宗慧 序

目次

Россия
俄羅斯

Китай
中國

Финляндия
芬蘭

Эстония
愛沙尼亞

Латвия
拉脫維亞

Литва
立陶宛

Белоруссия
白俄羅斯

Польша
波蘭

Россия
俄羅斯

Украина
烏克蘭

Казахстан
哈薩克

Каспийское
море
裏海

Чёрное море
黑海

Грузия
格魯吉亞

Армения
亞美尼亞

Азербайджан
亞塞拜然

Турция
土耳其

賀詞

親愛的讀者：

我由衷地高興能在這本既蘊含趣味，同時也兼具實用價值的書裡向您致意。本書之所以有趣，是因為書中的故事是由一群學過俄文的學生們自己所寫，而他們能夠明白我們光榮的傳統，以及豐富文化的特殊之處。

而更令人愉快的是，這些年輕人順利地到訪了外國遊客不常去的俄羅斯城市，與一般民眾用俄語進行交流，並深刻體會到他們的殷勤好客與友善氛圍，然後他們把愉悅的回憶帶回台灣。

在此我還想特別指出這本教材的編者們的努力，他們是將教材與學生鮮活的生活故事相互

結合的出色發想者，此發想讓學生把所學的俄國語言、文化和生活聯繫了起來。

我們希望這些敘事者們令人難忘的經驗，能夠對方才踏上俄文學習之路的您有所助益，也希望您在未來能有機會來到俄羅斯將有一番新的印象。

過去這幾年我欣慰地發現，台灣民眾對於俄羅斯的興趣大大地提升了。我想這一現象並不僅是因為近期台北—符拉迪沃斯托克（即海參崴）、台北—莫斯科航線的開通，以及電子簽證的實施，使得到俄羅斯旅遊更加方便且更容易負擔；或是因為台俄學術機構之間，在科學與傳統學術領域上的交流蓬勃發展，使台灣學生有更多的機會前往俄國留學；或是因為有至少一千五百名台灣球迷在二〇一八年參加了在俄羅斯舉辦的世界盃足球賽；也不僅是因為每年都有越來越多的俄羅斯舞蹈團體、音樂家、樂團的指揮被邀請至台灣演出；更不僅是因為在台灣各大城市中，舉辦俄羅斯民族美食與文化節的需求與日俱增。

台灣人對俄羅斯的興趣不斷增長，依我之見，主要是因為：有十七個國家和其領土上的人民都說俄文，它是聯合國六種官方語言之一，既是歐洲最普遍的語言，也是全球最為通行的斯拉夫語系語言。也正因為如此，世界上有越來越多的人努力地學習掌握俄文，以便順利地將它

運用於工作與日常生活之中。

願諸位在這門語言領域上有所熱誠，並祝萬事如意！

您真誠的

白樂賢（Сергей Владимирович Петров）

莫斯科台北經濟文化協調委員會駐台北代表處代表

（台灣大學歷史系四年級雷鎧亦／譯）

致敬愛的朋友們

現在您拿在手上的這本書可是非比尋常，它的作者不是教師，亦非語言學家，而是一群學生：在國立台灣大學學習俄文的學生。這些學生一點也不平凡，他們熱心、充滿興趣、熱情、聰明、才華洋溢……他們修過了一系列的俄文課程，從必修到選修，從校內到校外。他們之中有許多在俄羅斯不同的城市，如莫斯科、聖彼得堡、凱薩琳堡、伯力等地繼續學業。這之中還有些學生在研究所時將俄羅斯研究中的課題帶入自己的研究專長。他們全都熱衷於俄文、俄國文化、俄國歷史，想當然爾，許多人到過各地旅行，踏遍了包括現代俄羅斯和後蘇聯國家的領域。就是在這個絕佳的時刻一個想法誕生：何不將我們在俄羅斯和後蘇聯國家求學或旅遊時的所見所聞分享給下一代的學生？或是更廣泛一些，給所有有興趣的讀者。而與此同時，透過展現我們對俄國人和俄國文化的理解，不僅可以拓展讀者對這個國家的概念，更可以藉此增進對俄羅斯、對它的人民、以及對他們所使用的語言的興趣。這樣的觀點讓我們能夠從不同的面向去看俄羅斯，加深對它的理解和體會，並引起對俄國生活種種層面的興趣。最重要的是，或許還能藉此激發學習俄文和俄國文學的動力。

我們作者所寫的內容有日常生活速寫、歷史回顧、地理資訊、俄國民間傳說和習俗、現代

歷史和文化論述，以及對生活在俄羅斯和後蘇聯時期國家中的俄國人及外國人的行為觀察。有些文章裡有些包含著幽默善意的嘲諷或是自嘲，有些充滿了抒情的詩意，而它們背後都呈現出作者開放的心靈，以及對理解這名為俄羅斯的新世界的渴望。所有這些恰恰展現出作者們很好的俄文程度，以及他們有能力以這一種被認為是世界上最難的語言之一的俄文來表達自己的想法、情感、和評價。

期望讀者們有一趟趣味盎然、引人入勝的旅程，這將不只是去拜訪一個新奇、未曾到訪的國度，去認識它的疆域、城鎮，與此同時也會一併到訪一個神祕且未知，但同時也是有趣的，名為俄文的國度。

祝即將踏入這個國度的各位讀者收穫滿滿！

索奧加（Ольга Павловна Сологуб）
台灣大學外國語文學系副教授

（台灣大學外國語文學系三年級林意恩／譯）

學習俄文帶給我勇氣

國立台灣大學的俄國語言與文學課程教學概述

國立台灣大學（簡稱台大）並沒有俄文系，儘管如此，我們開設俄文及俄國文學相關課程已有三十年之久。這些課程的設計旨在使學生具備基礎的俄語能力和俄國文學相關知識。俄文及俄國文學課程可依語言教學重點分為以下三類：一、文法技能培養：「俄文一」（基礎）、「俄文二」（中級）、「俄文三」（高級）；二、基本語言表達技能培養：必修課程中的聽、說、讀、寫練習以及針對俄文聽力、寫作、口語練習的專題課程；三、培養閱讀俄國文學的能力：原文著作選讀（詩歌和散文），以及以母語（中文）閱讀俄國文學作品。

台大的學生可以自由地選擇俄文作為他們的第二外語（第一外語為英文），簡單說，學習俄文的學生來自各個不同系所，他們的專業課程是語言學、社會學、歷史學、數學、物理學、化學、生物學、經濟學、程式和法律等等，這些選擇俄文作為第二專業的學生，必須修習至少兩年的基礎俄語課程，以及其他額外的課程，像是文學、寫作，或是與歐洲政治、歷史、經濟相關的課程。學生通過這些課程所掌握的俄文，必須在各專業領域（包括經濟、外交、政治、

語言學、文學批評、資訊科技等）進行溝通時必要的程度，也因為如此，學習俄文對於學生們來說不僅是工作所需，也是一件值得驕傲之事。

學習俄文最大的動力——意願

如前所述，我們的學生皆出於自己的意願來學習俄文。在這樣的前提下，台大的俄文教授總是對學生學習俄文的動機感到好奇。在新學年的第一堂俄文課上，我通常會問學生：「你們為什麼想學俄文？」而他們的回答通常不出幾種模式：「俄文字母很漂亮」、「俄文聽起來很好聽」、「學俄文很酷」。但有時候我也會得到一些意料之外、讓人感興趣的回答，像是：「台灣的夏天和秋天都很熱，但當我看著俄文字母時，我感到一股『涼意』」、「我是因為葉甫根尼雅・梅德維傑娃（Евгения Медведева，俄羅斯女子花式滑冰選手）而學俄文的」，或是「我想知道俄羅斯人打電玩時都怎麼罵髒話」。這些答案也許聽起來不太正經，然而在這些半開玩笑的回答中，我看到的是學生們想要學習俄文的強烈意願。而這樣的意願在接下來兩到三年艱難的俄文學習過程中，將會支持學生們完成學習。許多學生在第一個學期之後就放棄學習，大約三分之一的學生完成兩年的課程；少數人上滿三年的俄文課，而語言之外又學習俄國文學的學生更是少之又少。

儘管如此，我們的學生並不是隨機選擇俄文作為他們的第二外語；他們對俄羅斯、俄國的文化及民俗傳統等皆抱持著特別濃厚的興趣。因此，很有趣的是，當我們再次向那些持續修

習（或已經修完）俄文課程的學生提出與剛開始學習俄文時同樣的問題：「你為什麼繼續學俄文？」而這次，他們的回答比之前更加具體、更加有自信：

「我想探索俄羅斯少數民族的生活，因此學習俄文對我來說是必要的。」──伊凡（我們的俄文教授通常會幫學生們取俄文名字。）

「我很喜歡俄文，學習俄文拓展了我的視野，並且帶給我勇氣。我以後會繼續在俄羅斯學習俄文。」──祥茵

「我的夢想是到高加索地區旅遊，那裡共同的溝通語言就是俄文，而我會說俄文！」──鮑里斯

「我對中亞地區很感興趣，學習俄文讓我能夠探索這個區域。」──伊戈爾

正是這些動機促使學生們啟程前往俄羅斯旅遊，其中很多人在學了俄文後的第一年就動身出發。他們的目的是到俄羅斯旅遊沒錯，但又不單純只是為了觀光──他們仔細觀察、聆聽，甚至探索這個幅員廣大且文化豐富的國家。一些學生到達的地方，不僅在旅遊書中沒有被提及，甚至就連很多俄羅斯人都沒有去過。舒適和玩樂不是學生們的首要目的，他們的目標是鍛鍊自己的意志力和拓展自身的視野。對他們來說，俄羅斯不只是一個擁有豐富自然資源和文化遺產的泱泱大國，在科學研究方面也同樣地具有吸引力。

俄語能力＋開闊視野＋勇氣！

眼前的這本書不能簡單地看作是一本增進俄語閱讀能力的教科書，但它同時也不只是一本傳統概念中的旅遊指南。這本書是一本特別的散文集——一本由台大學生集體所寫的散文集。

他們在台大學習了至少一年的俄文，而後在俄羅斯又學了至少一年；他們來自不同的系所、之後擁有不同的專業，但都選擇了俄文作為第二外語，並且在課堂上認識了彼此，其中有些同學之後還相約一起到俄羅斯留學。當他們回國後，我邀請他們寫些關於俄羅斯生活的文章，紀錄他們在俄羅斯學習和旅行時留下的印象與感想，結果他們全部都欣然同意。

這本書的出版過程漫長又艱辛，但多虧了文章作者們的努力，此外還要謝謝我親愛的同事奧爾加‧帕夫洛芙娜（Ольга Павловна，編按：即索奧加老師），以及此書的編輯丘光，這本書終於順利地誕生。這本遊學散文集由兩個部分組成：俄文和中文，兩者間互相關聯，讀者可依自身喜好或需求選擇閱讀。俄文部分針對的是俄國讀者和懂俄文的讀者，中文部分則是針對以中文為母語的讀者，以及懂中文的外國讀者所設計，而精通兩種語言的讀者可以輕鬆閱讀任一部分，並從中享受閱讀的樂趣。這本散文集展現了學生優良的俄語水平、他們豐富的俄羅斯文化知識、開闊的視野、智慧，以及——勇氣！這些都是在學習俄文的道路上必要的特質。

身為該散文集的概念發想者，同時也是俄語教授，我希望這本書是一切開始的起點；我希望它能為想學習第二外語的人提供強大的激勵作用。這本書是一個例子，告訴我們如何能實現自己的夢想，而且無需因害怕探索世界、了解異國文化而踟躕不前。最後，我以一句名言來做

為總結：「男孩們、女孩們，要胸懷大志！」（這句話原出自北海道大學的校訓，原意為：男孩們，要胸懷大志［少年よ、大志を抱け、Boys, be ambitious］，我在此將之做了些微更動。）

我衷心感謝莫斯科台北經濟文化協調委員會駐台代表白樂賢先生（Сергей Владимирович Петров），感謝他對此書的讚譽，以及在成書過程中所給予的慷慨協助。

熊宗慧
台灣大學外國語文學系副教授

（台灣大學外國語文學系三年級王海定／譯）

金威澄 Владимир Чин

俄文名字是「弗拉基米爾」（Владимир），國立臺灣大學政治學系國際關係組畢業、莫斯科國立大學訪問學生。因為對於北亞、中亞地區的歷史與文化極感興趣，也想親自到這些地方探險旅行，因此從二〇一八年起就在臺大學習俄文，受教於熊宗慧老師的門下。

熊老師在課程之中，除了嚴謹的文法解析、發音辨正外，也時常帶入許多俄羅斯的經歷、趣聞與小知識，發音辨正外，我對於俄羅斯這個北方大國的興趣又更加深入；二〇一九年初，在熊宗慧老師、李正哲學長的指導與提點下，成功地申請到了教育部的獎學金，赴莫斯科國立大學訪問一年。

於莫斯科國立大學訪問的期間，接任第二十六屆《莫斯科臺灣同學會》的活動長，舉辦迎新餐會、俄式度假小屋Дача暨俄式桑拿體驗的隔宿旅行、克林小鎮的繪畫彩球暨柴可夫斯基故居巡禮等活動，聯繫旅俄臺灣學子的感情；期間更與其他幹部首創MOSGUE專頁，將傳統的《莫訊》改版，以每月主題人物方式，搭配莫斯科各大主題景點，娓娓道出異鄉遊子的北國故事。

除了精彩充實的莫斯科生活外，每逢假期我亦會前往俄羅斯各地旅行，足跡遍及金環（蘇茲達里、弗拉基米爾、羅斯托夫、科斯特羅馬、謝爾蓋耶夫鎮）、克林、聖彼得堡、加里寧格勒、摩爾曼斯克、索契、克拉斯諾達爾、塔曼、克里米亞半島（刻赤、費奧多西亞、蘇達克、雅爾達、賽凡堡、巴赫奇薩萊）、伊爾庫茨克、利斯特維揚卡、貝加爾湖、布里亞特共和國（烏蘭烏德、恰克圖）等地。

時光荏苒，二〇二〇年初爆發了COVID-19疫情，俄羅斯的確診者自三月以來不斷飆升，四月以後更全面鎖國、封城，我也因此在五月下旬搭乘日本航空包機、提早返國。

在揮汗如雨、溽熱難耐的南方島嶼，回憶著刺骨寒冷、乾燥欲裂的北國大陸，我將見聞與思緒化作篇章，期待與你一同分享。

金威澄
莫大語文系

莫斯科臺灣同學會刊物《莫訊》（MOSGUE）改版後的第一版，我成為首期的封面人物，背景為莫斯科凱旋門。

莫斯科 Москва

漫步在莫斯科

二〇一九年秋天，我獲取教育部的公費獎學金，至莫斯科國立大學進行為期一年的訪問計畫。在莫斯科的這些日子裡，我鍾愛以步行的方式，藉由自己獨特的步調與路線來探索這個城市的每一個角落。

一、麻雀山到紅場

夏末初秋，也是那些初抵莫斯科的日子裡，我時常趁著課程結束的午後，獨自一人沿著莫斯科河畔，從麻雀山的莫斯科大學主樓散步至紅場。

莫斯科大學主樓內的宿舍是我在莫斯科的家。剛硬挺拔的建築物外觀、一幀又一幀的對稱浮雕、正門上鑲嵌著鐮刀與紅星的巨大鋼徽，皆不言自明地顯露出濃濃的史達林式建築風格①；然而，主樓內部的老舊與陳破，卻與雄偉懾人的外觀形成強烈對比，頗有曩昔蘇聯「金玉其外，敗絮其中」之感，更讓人恍若時空錯置，一路溯回冷戰初期。

沿著主樓前寬廣的花園一路走向麻雀山的盡頭，不稍一刻鐘即能抵達麻雀山觀景臺，絡繹不絕的遊客與馳騁重型摩托車的年輕男女，斜靠在冰冷厚實的石製扶手上，兩百公尺下的莫斯科城擁擠地映入眼簾，彷彿竭力地在一幅全景之內，向世人展示著自己所擁有的摩登建築與古典風華。

自麻雀山觀景臺往纜車站的方向走，經過纜車站不久後再轉往周邊的小徑，穿過

夜晚，華燈初上的莫斯科大學主樓。

① 史達林時代在莫斯科建了七棟大型高樓，融合新古典與哥德式風格，後稱史達林式建築風格。（本書注釋除標示出處外皆為編注）

大斜坡上的濃密樹林，一路陡下至風光明媚的莫斯科河畔。

漫步在波光粼粼的莫斯科河畔，彼岸環形穹頂的偌大建築物是俄羅斯最大的體育場——盧日尼基體育場。一臺臺的纜車由麻雀山頂橫越莫斯科河、熙來攘往的地鐵轟隆隆地壓過一旁的盧日尼基鐵路橋，各奔東西地分別往共青團大道或大學地鐵站駛去，為花團錦簇的河畔增添了一絲灰濛濛的蘇聯式工業風。

暖陽斜照的午後，在修整素潔的河畔選張長椅坐下，看著男女老少們臉龐浮現的那抹流光溢彩，感受周遭輕快歡愉的氛圍。行經車流繁忙的莫斯科三環路、蔥蘢蓊鬱的高爾基公園，河岸邊的道路逐漸寬廣，也愈來愈接近莫斯科的市中心——紅場。

彼得大帝的雕像矗立在莫斯科河中央，河道從基座底部分流而過，這是紀念自彼得大帝以降，建軍三百週年的俄羅斯海軍，亦是緬懷這位曾帶領俄羅斯在大北方戰爭中戰勝瑞典、塑造斯拉夫民族光榮感的民族英雄。這座近一百公尺的彼得大帝，手持古代的海圖卷軸，昂然立於一艘十七、十八世紀的遠洋帆船之上，望眼欲穿地傲視著無垠的遠方，彷彿在過了三百餘年後，這位讓俄羅斯人一提起就眼光發亮的強人沙皇，依舊如引路明燈般地帶領著他的北方大國。

行經彼得大帝雕像不久後，向左穿過河中狹長的小島、跨越街燈櫛次鱗比的牧首橋，即抵達白身金頂的東正教聖地——救世主大教堂。遙想當年，史達林為了幫自己的蘇維埃宮找建地，不惜炸毀了這座歷史悠久的東正教堂，然而因為莫斯科河水氾濫、

從牧首橋上望向救世主大教堂。

衛國戰爭爆發導致經費緊縮，以致蘇維埃宮終究沒有被建成。赫魯雪夫主政時期，由於其對歐美游泳池的浪漫想像，因此就別出心裁地在這塊荒廢的建地上蓋了公眾露天游泳池。蘇聯解體前夕，游泳池被廢止，這座命運多舛的東正教教堂終於在原地重建，並於西元二〇〇〇年竣工。

救世主大教堂一側的花園裡，有座容易被遊客忽略的雕像，他是以解放農奴為開端，卻以遇刺身亡為結局的悲情沙皇──亞歷山大二世。站在巍峨聳立的雕像下，我抬頭望向他那無奈的眼神，給予一個敬禮式的憑弔，心中不禁萌生一絲欲言又止的嘆息。

沿著救世主大教堂前的濱河道路前行，不久後便能望見克里姆林宮那道氣勢磅礴的磚紅色城牆，一牆之隔就是彼得大帝遷都前，沙皇們的居所，亦是今日俄羅斯的最高權力所在地。

一旁河面上的觀光遊船緩行而過，遊人們迎風斜靠在船沿，清脆響亮的嬉笑聲彷佛風鈴般飄盪在莫斯科河畔。自紅牆的盡頭左轉，如童話般五顏六色的洋蔥形圓頂映入眼簾，聖瓦西里大教堂是十六世紀時，沙皇伊凡四世為了紀念成功征服喀山汗國而建，時至今日成為了俄羅斯最醒目的標誌之一。

佇立於紅場中央，克里姆林宮與列寧墓、聖瓦西里大教堂、國家百貨商場、國家歷史博物館這四大建築物各盤據在紅場的一角，斯巴斯克塔上的五角紅星被陽光照耀

我在莫斯科大學主樓內 B 區的宿舍，面朝勝利公園的方向。

得發亮、塔上安放的自鳴鐘敲響了沉穩安詳的一刻，恍惚間，空氣中飄散的清甜氣息走慢了歲月的時間。

二、麻雀山到新少女公墓

凜冬初上的夜晚，我酷愛沿著枯枝滿布的莫斯科河畔，從麻雀山觀景臺的下方堤岸往阿爾巴特街的方向散步。

凋零的樹林被七彩霓虹燈照映出詭譎的螢光色，堤岸上散步、遛狗的遊人明顯地大幅減少，我穿著厚實的衣襖與手套，耳機裡播放《莫斯科迴聲》的廣播節目，在這種萬籟俱寂的初冬夜晚跑到寒氣逼人的莫斯科河畔練習俄語聽力，大概只有我這種充滿情調的勤勉學生才做得出來吧。

一個冬日的午後，我從莫斯科大學主樓溜出去散步，循著莫斯科河的堤岸向北閒晃。過了如同小水溝般的謝通河後，寬廣的堤岸步道限縮成一條寬約一點五公尺的人行道，我索性轉往河的彼岸、跨越莫斯科河三環路旁的鐵道橋。

站在鐵道橋上憑欄遠眺，下方平靜無波的河面襯著遠方白煙裊裊的煙囪，「好寧靜恬淡的畫面啊！」，我內心這麼地暗自忖度著；順道一提，這些煙囪來自北國大地上才會見到的特殊廠房──冬季限定的暖氣供應廠。

散步至新少女公墓途中，站在三環線通過的鐵橋上，向阿爾巴特街的方向眺望莫斯科河。

横越三環路旁的鐵道橋後，眼下被磚紅色圍牆包覆的區域就是俄羅斯最遐邇聞名的墓地——新少女公墓。

冬日的傍晚，我趁著天光仍未滅，於偌大冷清的公墓裡來回穿梭，在各式特色墓碑裡尋找那些我在書上讀過的作家、詩人、政治領導人。

契訶夫的墓碑彷彿一座抽高的白色小屋，合掌式的屋頂上又矗立三座迷你尖塔；俄羅斯聯邦首任總統——葉爾欽的墓碑是一面飄揚的俄羅斯國旗，細緻的石雕將旗幟迎風飄揚的皺褶刻劃而出；蘇聯領導人赫魯雪夫的墓碑則充滿後現代主義設計風格，數塊不規則的黑白石塊將他頭像的石雕團團圍住。

在新少女公墓裡，所感受到的氛圍是莊嚴肅穆又不失活潑逗趣，信步於一排排的墓碑之間，欣賞著各異其趣的墓碑雕塑、緬懷這些曾在各領域叱吒風雲的俄羅斯先賢，歷史的更迭起落如同跑馬燈般迴盪在腦海，溫潤而甘醇。

三、紅場到特維爾街、阿爾巴特街或盧比揚卡

大雪紛飛的嚴冬時節，不斷被踩踏的霜雪與建築物旁排出的水流在路面上形成一塊塊的結冰，不小心踏上即有可能發生滑倒的慘劇。

天寒地凍的莫斯科冬天，走在凜冽刺骨的莫斯科河畔絕非一個好主意，然而我不

彼得大帝雕像，莫斯科河自其基座底部分流而過。

想將散步的習慣屈就於季節的遞嬗，因此縮短路程、更換地點的最高指導原則就成為我漫步在市中心的主要原因。

東正教聖誕節的腳步漸漸近了，我從張燈結彩、遊人如織的紅場穿越復活門，走過馴馬場廣場上的朱可夫元帥雕像，買一杯 Cofix 的熱拿鐵，小心翼翼地將溫熱的咖啡杯捧在手掌心。

向前，是充斥著奢華精品名店的特維爾街，繼續走下去就是中華民國駐莫斯科代表處的館址。

向左，穿越亞歷山大花園後，可以在第一個路口右轉前往莫斯科音樂學院；或是，也可以於第二個路口右轉後直行，半個鐘頭不到就會抵達阿爾巴特街。

向右，沿著獵人商行街一路前行，分別會經過俄羅斯的國會——國家杜馬、雄偉壯麗的大劇院、兒童百貨，最後抵達四周道路呈放射狀的盧比揚卡廣場。廣場上配合節慶豎立的巨型聖誕樹與一串串的掛燈，將整塊街區照得閃爍通明，也讓我心中掀起一陣孩子般的興奮漣漪，這大概就是專屬於北國冬季才有的歡騰吧。

四、我心中的虛擬環線

莫斯科的地鐵「五號線」是城市裡的環狀線，這條棕色的地鐵線路串聯出整個城

麻雀山觀景臺的夜景。

市的精華；而對我來說，三條散步線路串成一起則是
專屬於我的莫斯科環線，在這條虛擬的環線裡，承載
著白晝時漫無目的的新奇探險、深夜裡獨自徘徊的自
我對話，年少的我游移於其中亦沉醉其中。

這條虛擬的環線，在我心靈深處，早已烙印成這
座城市最鮮活的血脈，生機勃發而永恆跳動。

2019 跨 2020 年，紅場的煙火
襯著聖瓦西里大教堂。

李正哲　Аркадий

一九九四年生於桃園，政治大學斯拉夫語文學系肄業、臺灣大學戲劇學系文學士。

剛上大學時意外進入主修俄文的科系，自此結下與俄文的不解之緣。一度作為俄文的逃兵，卻又在轉換主修後，受契訶夫劇作的人物深深吸引，重新愛上俄羅斯。

本性溫和，但在俄國交換期間都在練習如何用俄文吵架；興趣廣泛，喜歡旅行、看戲，探訪所有未曾造訪的風景。

莫斯科 Москва

即興劇場
的體驗

Финляндия
芬蘭

Эстония
愛沙尼亞

Латвия
拉脫維亞

Литва
立陶宛

Россия
俄羅斯

Белоруссия
白俄羅斯

Польша
波蘭

Украина
烏克蘭

Казахстан
哈薩克

Чёрное море
黑海

Каспийское
море
裏海

Грузия
格魯吉亞

Армения
亞美尼亞

Азербайджан
亞塞拜然

Турция
土耳其

出發去俄國交換前，我在臺大主修的是戲劇。二十四歲前我的人生志向是成為專業的劇場演員，彷彿在茫茫汪洋中找到象徵人生目標的漂流木，我帶著一股腦的傻勁從讀了兩年的政大斯語系轉學到臺大。原以為轉學到本科系就踏上通往成功的敲門磚，殊不知是無止盡挫折的開端。作為研究型大學中唯一的藝術科系，系上的教學資源有限，想要得到選修進階課程的加簽授權碼，每個學期第一週均上演連環的《超級名模生死鬥》。不僅要與同班同學競爭，（在學及延畢的）學長姐、學弟妹全都是潛在的對手。以表演二這門課為例，每學年只開設一次，在七十多名甄選的學生當中，當學期僅有八男八女可獲得首肯上到這門課。

一入學就向全班宣告想當演員的我，從大二開始共甄選了六學期，一門進階表演課的門票都拿不到。

對演戲尚有一絲熱情的我，在學校上不到想上的課，便積極地向校外尋求學習資源。我參加了勇氣即興劇團所開設的即興表演工作坊，在工作坊結識了團長效賢，並得知俄羅斯國際即興劇藝術節九月底將在聖彼得堡舉辦。這個消息便在我心中種下了一個種子：如果在台灣找不到賞識我的伯樂，說不定我能在俄國找到自己的一片天？

到俄國沒多久後，我很快的就訂了火車票和住宿，一個人跑去聖彼得堡參加工作坊及看戲。上課前我原本以為這個標榜「國際藝術節」的工作坊，既然老師是來自西班牙的表演者，那上課應該都可以用英文溝通吧？但由於上課的同學以本地的俄國人

大二下參與同學的
導演課期末呈現之
劇照。

為主，而俄國同學們的英文程度又是參差不齊，最後演變成老師先用英文解說，實作練習表演時同學都講俄文為主。我當時的俄文能力僅足以應付日常對話，但若要用俄文做即興表演，又是另一個層次了。即興，顧名思義是完全沒有劇本作為參照，透過與場上夥伴的丟接，即興的發展劇情。我在工作坊中努力的想聽懂同學們飛快講的每個單字，但每回要上場前就像被石化的雕像，在側台一動也不動。我希望能完全聽懂夥伴講的話，再接著上場接力演出。但我卻只聽得懂零星幾個單字，或是用他們的肢體表情去猜測現在可能的情境。在一旁進退兩難的我，得到來俄國之後的第一個震撼彈：原來我的俄文，比自己想像中還要爛非常多。

我在台灣斷斷續續學了約四至五年的俄文，原以為自己的程度在同期的交換學生算中上了，但自負永遠是自己的最大敵人。經過這次的震撼教育，我回頭去檢視自己當前的俄文能力。文法與寫作沒有太大問題，但口說、聽力以及字彙量都還有很大的進步空間。以往透過課文認識並強記的單字，都只是基礎中的基礎，而其中有些用法只在書面正式文章使用，或甚至早已是老掉牙的講法。距離使用俄文通順的表達自己的所思所想，還有一條漫長的學習之路要努力。

下午的工作坊結束後，晚上是來自歐美各國及俄國本地各個即興劇團輪番上台表演。其中有個劇團叫做 Moscow Improv Club，他們在莫斯科利用英文帶工作坊，也用英文做演出。我懾服於該團團員流利的英文能力，暗自猜想這個劇團的組成，想

俄羅斯國際即興劇藝術節，2018 於聖彼得堡。

必是一群住在莫斯科的外國人吧。因為如果想在莫斯科找到一個英文流利的俄國本地人，就跟期待他們的服務生點餐的時候不擺臭臉的機率一樣，奇低無比。

演出結束後，我把這個劇團的名字記起來，心想未來有機會也許可以去上他們開的課。但回到莫斯科之後我決定先暫緩這個計畫，畢竟我不遠千里來到俄國，是為了能夠跟俄國人大量交流，並加強迫在眉睫的課。而且用英文演戲對我來說並不是太大的挑戰，但俄文的加強迫在眉睫。我決定先以自身的興趣出發，希望能夠在戲劇、文化等相關領域結交到朋友，也許會有機會練習到「真正的俄文」。學校的語言課放學後，我每週一、三去學校的合唱團練唱，週二去上芭蕾舞基礎、週四上街舞律動，週五則是唱歌課。我心想：我還在台灣的時候，也都會去校外找類似的課程進修，也在過程中認識到不少藝文圈內職業或業餘的朋友。因此我故技重施地，希望能在莫斯科建立起交友圈。

但將近半年過去了，我的方法卻不見太大的成效，我依然沒有交到什麼俄國朋友。

原來要與俄國人拉近「心的距離」，並沒有我想像中簡單。畢竟若想融化冰山，也是需要至少數月到幾年的時間。至少我身體力行地嘗試了⋯台灣經驗，在莫斯科不一定能實現。

時間來到了三月，我這趟來莫斯科交換的旅程也將告終。我突然想起之前在聖彼得堡參加戲劇節時，那個在莫斯科用英文做戲的小劇團。我很快的用臉書找到他們的

演出結束後大合照。

官網，並報名了最近一次的工作坊。到了排練場我才驚覺：原來這個團的成員有至少九成都是俄國人，而且是一群英文流利、又喜歡表演的俄國年輕人。他們的年紀平均都在三十歲左右，有人是電台DJ、《瑪莎與熊》動畫公司法務、英文老師以及軟體工程師等等。我是何其有幸地，跟也許是莫斯科英文前一百個流利的人一起排戲。我們當時排練的短篇形式叫 Free Form，場上的演員可以運用肢體、台詞，自由地變換身處之場景或角色之間的情境。比起彆腳的俄文，英文對我來說還是較為得心應手。少掉對語言的不自信，我在排練過程中玩得很開心，但在最後一次排練時，卻又收到一顆新的震撼彈。團長 Dina 說：今天是這次工作坊的最後一堂課，我們下週三就要上台演出了，大家加油！下課後我有點驚訝地跑去問 Dina，我們不是才上幾門課而已嗎？這樣大家真的有做好上台演出的準備嗎？Dina 回我說：「在我們俄羅斯，表演要透過實際上台演出學習，你永遠沒有準備好的一天。」我在台灣參加過的表演課，往往會花比較多的時間訓練準備，至少上七到八堂，基礎班到進階班，再開放對外呈現演出。若用游泳來比喻：在俄羅斯就是直接把你推到水裡面，盡力在舞台上學會呼吸、換氣，讓你赤裸裸地在台上直面最大的障礙——自己。要在一次次練習中學習戰勝心魔，才能越演越好，進而享受演出。

隔週我找了幾個台灣朋友來看表演，演出很順利地結束了。下台沒多久，演員們在後台聊天的時候，其中一個演員 Edward 很興奮地跑來跟我說：他非常喜歡跟我搭檔，因為他覺得他丟給我的點子，我都接的到。而我又會把接到的點子加上自己的創

演出中劇照。

意延續下去，讓場上的演員都因這個點子而一起發光。能夠收到這樣的回饋，我真的又驚又喜，尤其當我還在台灣的時候，常常覺得自己的即興能力不如人，反應不若同班同學機智敏銳等。也許是透過環境的轉換，我拋下了那些心中「我應該……」、「我必須……」在如催狂魔一般的負面暗示，純粹的信任並把自己交給場上的其他夥伴，也許是因為這樣的天時、地利、人和，表演對我來說不再如此令人懼怕了。

雖說原本是希望透過參加的活動練習到俄文聽說能力，不過當我再回過頭來反思：這樣的想法反而讓我自己畫地自限，為了學俄文而學俄文，為了交朋友而交朋友，一切都太過刻意了。我想無論是要認識新朋友、做表演等，過程中使用的語言並不是最大的重點。語言，終究是一種被運用來進行溝通、交流的工具。只要能達到溝通的目標，無論當下用的是哪種語言，都是好的交流。

無論將來你／妳是否計劃到俄國唸書，或是要到世界各國遊歷。我個人會很推薦，在生命跟財產都能確保安全的情況下，多多去嘗試各種能與當地人交流的機會，試試看那些你在台灣沒有機會嘗試的事（當然要在合法範圍內）。有很多美麗的相遇，都是由陰錯陽差、再加上一點點的勇氣催化而成的。若只像大部分的留學生，維持規律的宿舍、學校、超市三點一線的規律生活，好不容易走這一遭就太可惜了。

我不會忘記在演出結束後的夜晚，我們抽著菸，在劇場外聊著剛剛在舞台上發生的趣事。莫斯科三月的晚上偶飄小雪，乾乾的風吹起來仍是冷冽地刺骨，而沒戴手套

的我，手上只有將熄的菸。在異鄉終於得到一點歸屬感的我，雖杵在寒風中，心卻是暖暖的。

我和團長 Dina。

李冠儒 Джейсон

目前就讀臺大音樂學研究所，我從我大二的時候開始在臺大的俄文課學習俄文，陸續修完了俄文一到俄文三，我個人沒有在校外學習俄文，一路上就是跟著學校的進度學習。

剛開始對俄文有興趣是因為其特殊的字母系統，如果沒有特別學習過，甚至連發音方式都無法掌握，因此會給人一種很神祕的感覺，而一旦學會了，就感覺比別人多會了一種特別的技能，開始學習俄文之後，才發現到，俄文發音在整個學習的過程裡面應該是相對容易、比較好練習的部分，這又是另一段故事了。總之，對聲音比較敏感的我來說，練習用正確的發音來唸俄文是一件很有趣的事情。

當初學習俄文其實也有一項比較長遠的目標，就是有朝一日可以到俄羅斯去旅遊。而非常有幸地，能夠在二〇一八年世界盃足球賽時如願以償，參與到了這四年一次的世界盛事，有了一點點俄文基礎再到當地旅遊也帶來許多方便，從路標、指示牌可以看得更清楚而不至於迷路以外，也可以用一些簡單的會話與當地人溝通，處理一些需要麻煩到別人的事情，例如打電話、購買物品等等。

現在俄文對我生活也能發揮一點點的影響，當我在某處碰到俄文時不會覺得太陌生，如網路上的一些音樂短片、電影中，如果有出現俄文文字或是對話，可以簡單地理解其內容，並且在有興趣時可以有更深入了解的管道。

當代英雄 從台灣出發
台大學生的俄羅斯與後蘇聯行旅

在莫斯科
看俄羅斯
世足賽

Финляндия
芬蘭

Эстония
愛沙尼亞

Латвия
拉脫維亞

Литва
立陶宛

Белоруссия
白俄羅斯

Польша
波蘭

Россия
俄羅斯

Украина
烏克蘭

Казахстан
哈薩克

Каспийское
море
裏海

Чёрное море
黑海

Грузия
格魯吉亞

Армения
亞美尼亞

Азербайджан
亞塞拜然

Турция
土耳其

二〇一八年我為了參加四年一次的全球盛會——世界盃足球賽，而來到了這一系列比賽的主辦地點俄羅斯，當初在還不知道哪些隊伍會晉級的情況下，買了兩場十六強球賽的票，一場比賽將在莫斯科進行，另一場將在聖彼得堡舉行，而後來很幸運地，在命運的安排之下，我有幸能在莫斯科的盧日尼基運動場，觀賞這場後來被人廣為傳頌的比賽。

這一次的俄羅斯之旅是特別為了現場觀看世界盃足球賽而來的，其實俄羅斯對大多數的人來說，包括我，都有一種特別的魅力，早在高中畢業的時候（也就是二〇一四年，那年也剛舉行完世界盃），聽聞俄羅斯即將舉辦世界盃足球賽，讓對俄羅斯與足球深深著迷的我興奮不已⋯這不就是一個絕佳的機會嗎？因此促使我踏向這段旅程的種子便悄悄埋下，抱著這點小小的希望，從大二開始學習俄文，希望有朝一日能派上用場，很快到了二〇一八年，世界盃的官方網站推出了購票時程，便在考量到時間、想去的城市、想看的球隊、價錢等等因素之後，登記了兩張票券（還要經過抽籤才能決定是否能夠買到），後來取得購票資格並且順利購得。購買票券及申辦球迷證時，發現若以觀賞世界盃的名義進入俄羅斯能夠享用很多福利，包括比賽前後十四天免簽證、比賽當天的城市內運輸免

往返莫斯科與聖彼得堡
的城際列車。

費、為了兩場比賽而往返兩個城市的鐵路車票也免費等等，這一次造訪俄羅斯真的是被當作一個客人在好好招待。

比賽當天，我搭乘莫斯科地鐵前往比賽場地，莫斯科的地鐵站真的跟傳聞中的一樣深不見底，搭電扶梯進入地鐵都需要花好幾分鐘，除此之外，每個地鐵站的出入口、大廳、走道、月台的裝潢都十分典雅，而且各不相同，就像一間間的美術館一樣。進入車站後，馬上就感受到了比賽即將要開始的氣息，每輛前往球場方向的列車都擠滿了人，有些人穿著那晚比賽球隊西班牙的球衣，但更多人穿著的是他們的對手——俄羅斯的球衣。很快地，轟鳴的列車把我們載到了離球場最近的站，所有球迷們井然有序地往上移動，一樣地，電扶梯、走道、所有的空間都站滿了人，球迷們一邊往前移動，一邊鼓舞著喊：「俄羅斯、俄羅斯！」先為比賽增添了幾分激情，我們順著動線一路往上到地面正式來到盧日尼基體育場，該場地可說是俄羅斯最大的運動場，比賽當天湧入了滿場七萬多名的球迷，而大多數人是俄羅斯人，來為他們自己的國家隊加油，這場比賽對俄羅斯隊來說，可以說是徹徹底底的主場比賽，比賽過程也十分令人驚心動魄，尤其是面對西班牙這樣傳統強隊，沒人知道已經好幾屆沒踏入世界盃的俄羅斯隊是否能對付得來。跟著唱完俄羅斯國歌後

前往球場的地鐵站內。

比賽正式開始，全場觀眾也都十分激動，比賽進行中不斷地呼喊，為自己的國家隊加油打氣：「俄羅斯、俄羅斯！」「俄羅斯前進！」

頂著西班牙強勁的攻勢，俄羅斯隊在十幾分鐘後因為防守的疏失先丟了一分，但很快地也在對方罰球區內犯規的情況下，用罰球扳回了一城，整場比賽幾乎是俄羅斯隊一直用他們堅強的意志，不斷抵擋西班牙的進攻，後來比賽就保持著一比一的情勢進入了延長加賽。

延長賽時，俄羅斯球員能看出都疲憊不堪、舉步維艱，好幾度已經深陷險境，又總能化險為夷，觀眾們也不斷給予支持與鼓勵，讓球員們能撐過最艱難的第一百二十分鐘，進入最後刺激的罰球點球決定勝負（也就是俗稱的PK賽），後來的結果眾所皆知，俄羅斯門神阿金菲耶夫英勇撲出兩顆點球，讓俄羅斯收穫勝利，當致勝的那球被他踢出來時，全場球迷都沸騰了，在比賽結束後甚至到了地鐵站、大街上，所有人還不斷呼喊著他的名字，街道上被人車擠得水洩不通，所有車子不是掛上國旗、打開車窗呼喊，就是長鳴喇叭慶賀，這樣舉國歡騰的氣氛就一直持續到深夜還久久不能散去，也在我的心中留下了深深的印象。

左為刺激的世界盃
16 強 PK 賽（俄羅斯
對西班牙）。

滿場的盧日尼基
體育場內。

詹竣翔　Михаил

目前為國立臺灣大學地理環境資源研究所博士候選人，曾於二〇一五年春天與秋天，兩次商務旅行機會下造訪傳說中的北國俄羅斯，主要都在莫斯科，而第二次還幸運地參訪聖彼得堡。

二〇一四年第一次接觸斯拉夫語，直到這兩趟商旅開啟我學習俄文的機緣，深深體會在俄羅斯不能不懂俄文，因為那是一個英文消失的國度。在這四到五年的學習過程中，除了課內學習以外，偶爾也會接觸許多俄國戲劇、廣播節目、新聞等，很幸運地結交一些俄國朋友，對於俄羅斯文化、歷史、地方特色、美食與景點等都有更深一層的了解。再去俄國之前，我從來沒有想過俄語竟然成為我的第二外語，同時也是我最喜愛的語文。

雖然俄文堪稱是當今最難的三大語言之一，但我相信：「想要了解一個國家的文化底蘊與歷史特色，直接學習當地的語言是最快速的方式了」。值得一提的是，現在有時為了研究內容，還是會需要閱讀俄文論文，並不需要Google 翻譯也能看懂非英文的文章，再也不用擔心是否因為翻譯錯誤而產生誤解，而且覺得十分有成就感！

當代英雄 從台灣出發
台大學生的俄羅斯與後蘇聯行旅

國家經濟
成就展覽
中心

Финляндия
芬蘭

Эстония
愛沙尼亞

Латвия
拉脫維亞

Литва
立陶宛

Белоруссия
白俄羅斯

Польша
波蘭

Россия
俄羅斯

Украина
烏克蘭

Казахстан
哈薩克

Чёрное море
黑海

Каспийское
море
裏海

Грузия
格魯吉亞

Армения
亞美尼亞

Азербайджан
亞塞拜然

Турция
土耳其

國家經濟成就展覽中心究竟是甚麼？

國家經濟成就展覽中心（ВДНХ）①，比較為人熟知的名稱是全俄展覽中心（Всероссийский выставочный центр）。當地的交通十分便利，在太空博物館（Музей космонавтики）與「展覽中心」單軌列車站（Выставочный центр）旁邊就有一個可以從市中心搭過來的地鐵站，名稱就叫做「ВДНХ」。在展覽中心裡有許多別具特色的建築物，象徵前蘇聯加盟國的各民族文化特色；此外，當時建立這個展覽中心就是要展現出蘇聯的各項科技成就，因此有許多冷戰時期的戰機也停放其中。

第一印象

對於這個地方的第一印象就是——展場工作。當時是我第一次來到俄羅斯，俄語學習約半年左右，只能夠簡單的發音與對話。因此大部分在俄國的時間，是完全聽不懂列車廣播或是報章雜誌上的訊息。而第一次俄文

① ВДНХ 為 俄 文 Выставка достижений народного хозяйства 的縮寫，是蘇聯時代的稱呼。

筆者攝於 2015 俄羅斯原物料展。

對話是在園區的麥當勞點餐，當時的緊張程度令我現在回想起仍是印象深刻。在展覽開始的前一天，我們要先進行場地布置，張貼海報以及調整展覽物的擺放位置。

我在展場中看見許多公司的前面都有 ООО，那時我還在想是不是還沒裝潢完，用○來留個空，之後再用其他材料覆蓋過去呢？結果隔天那些 ООО 仍然高掛在許多企業的招牌上，我忍不住去拿了一下幾個公司的宣傳文件，才發現到我根本誤會大了！ООО 在俄文代表的是Общество с ограниченной ответственностью，如果要翻譯成中文的話，類似我們的「有限公司」。同時還有一個很像表情符號的叫做 OAO，它的俄文全名Открытое Акционерное Общество，比較常出現在俄國國有的股份公司，例如俄國國鐵公司就是 OAO《Российские железные дороги》。當然公司型態有很多種，所以縮寫也有很多種，有機會大家到俄羅斯遊玩可以去觀察一下他們的公司招牌，或許你也可以發現到有趣的縮寫喔！因此下午的時間就在園區裡面閒逛，卻意外發現一個展覽中心裡有凱旋門、雕像、噴泉、摩

園區內的摩天輪。

天輪與海盜船。我想會有這樣的衝突感，是因為對於歷史背景的不了解，才會覺得如此多不同類型的建築在一起會有點不協調。這座巨型的摩天輪因為老舊的關係，時常有人被困在半空中；因此，最後在二○一六年被拆除掉，但我相信在許多人心中，它仍然是大家對於此地的重要回憶之一。此外在這裡的每一座雕像與他們的穿著服飾，都是代表蘇聯時期不同民族的文化特色。在展場上，我主要是跟客戶用英文介紹產品的特性，不是俄文。不過在我的觀察中，即使是國際展覽，大多前來參觀的潛在客群都只會俄文，所幸我們有聘雇一位翻譯可以當我們的溝通橋樑；同時她也跟我們分享了許多當地的商業特性與文化，也學習到許多當地才有的溝通特點。從此可以發現到，文化底蘊不僅可以由歷史書籍的字裡行間汲取，亦可從語言間慢慢品嚐出個中差異。

關於國家經濟成就展覽中心的有趣回憶

我印象最深刻的兩件事就是──禮品店和烤玉米。禮品店位在園區主門的左手邊建築中，內部有很多十分高級的俄羅斯娃娃（Матрёшка）和蘇聯風格的毛帽（毛茸茸的那種）。一般來說，大家想到要買俄羅斯或是蘇聯的軍事紀念品，就會去市中心的阿爾巴特街上購買。如果以性價比來看，這邊賣的價格不會高出多少，但是品質卻好上很多，像是俄羅斯娃娃的畫工精細與顏色的使用上都可以稱得上藝術品。另一個小插曲就是烤玉米，我還記得是在摩天輪旁邊的一個小販，一根玉米八十盧布（當時對台幣的匯兌是 2：1 ），以當地物價來說相當昂貴，因為匯兌的關係感覺每個東西

一號館具有高度的
紀念價值意義。

如果還有機會來到這裡

　　我會想要去看看園區的後方，其實那邊有許多前蘇聯加盟國的特色建築物，充分展現前蘇聯的多元民族特性；同時也可以去參觀前蘇聯的戰機。最後可以在園區的附近找一家別具風味的餐廳用餐，享受一下前蘇聯多元民族的饗宴。

都是半價出清，但最後還是沒有買下來。

國家經濟成就展覽中心的大門。

江承頤　Владимир

臺北人，畢業於臺灣大學法律學系碩士班，專攻行政法，現為實習律師。大一時曾就讀外文系，並於斯時開始學習俄文。除了俄文一至三外，亦斷斷續續修習過俄文口說及寫作。

當初開始學習俄語的契機，一方面是對列寧主義與托洛斯基主義的興趣，希望有天能看懂原文文本；另一方面是對於語言的興趣，不論是複雜的文法或詰聱的發音於我而言均饒富趣味。真正踏入俄語的世界之後，發現所獲得的遠多於此。雖然語言的隔閡在現代透過機器翻譯可輕鬆打破，但文化的底蘊卻往往非透過當地的語言無以傳達——關於這點，我在學習俄語的歷程中體悟甚深。

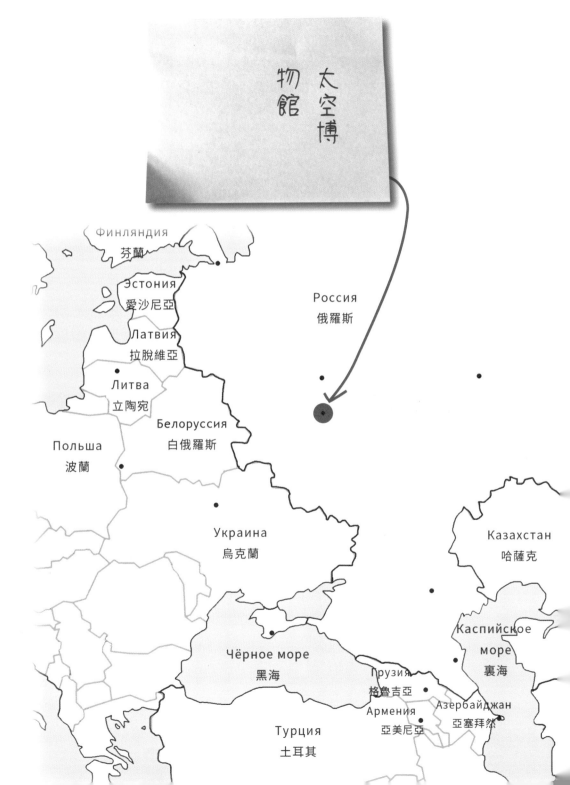

莫斯科 Москва

当代英雄 從台灣出發
台大學生的俄羅斯與後蘇聯行旅

太空博物館

Финляндия
芬蘭

Эстония
愛沙尼亞

Латвия
拉脫維亞

Россия
俄羅斯

Литва
立陶宛

Белоруссия
白俄羅斯

Польша
波蘭

Украина
烏克蘭

Казахстан
哈薩克

Чёрное море
黑海

Каспийское море
裏海

Грузия
格魯吉亞

Азербайджан
亞塞拜然

Армения
亞美尼亞

Турция
土耳其

對宇宙以及人類探索宇宙的偉大歷史感興趣的人有福了，因為太空博物館屬於他們！太空博物館位於ВДНХ的邊緣，是一座高聳的建築物，外觀像正射向宇宙的火箭。搭乘地鐵至 Выставочный центр 站或 ВДНХ 站，即可輕易到達此館。以展示內容的質與量來說，博物館的票價十分便宜。太空博物館以宇宙的探索為中心，雖然連帶提到許多關於宇宙的知識，但展示的重心仍在於人類探索太空的歷史與科技的演進。在臺灣以及西方國家，普遍存在著美國從一開始就在太空探索中扮演領導地位的誤解，但其實在美國登月以前，多數時間是由蘇聯居於領先的地位。蘇聯在這段期間內創造了包括第一顆人造衛星、第一位太空人、第一次使人造物體登月以及第一次取得月球土壤樣本等紀錄，這也使太空博物館格外值得一訪。博物館中的展示品包括太空衣、火箭、探測車、加加林（Юрий Гагарин）當初使用的太空艙等。

另外，隨著太空競賽的結束以及合作時代的開始，近年也增設了關於國際太空合作的展區。

1937 年巴黎萬國博覽會中蘇聯展館，博覽會結束後被移至 ВДНХ。頂部的雕像名為 Рабочий и колхозница（工人與女農民）。

全世界第一個離開地球軌道的衛星 Луна-1 的複製品。

紀念碑側面的雕塑頌揚科學家、工程師、工人對宇宙探索的貢獻。

莫斯科 Москва

當代英雄 從台灣出發
台大學生的俄羅斯與後蘇聯行旅

莫斯科
書店記

我最敬愛的索奧加老師提議我寫一篇關於莫斯科旅遊景點的雜記，這才讓我驚覺，我見識過的景點大約就像俄國商場裡真正美味的香腸，少少幾根，和我遍體鱗傷的留學十個月還真是不成比例。如今為賦新詞，絞盡腦汁，仍只是證明我的無能，竟揮一揮便揮霍了我的學生簽證，沒帶回半片雲彩。一切緣於我奧勃洛莫夫式的懶人生活。身處歐亞板塊的另一端，往雪堆裡栽了幾屁股之後，我幾乎不出門了。那麼，來談談書店吧。我在俄國境內唯一堪稱冒險的經歷。

要不是我崇拜萬分的學長指引，我大抵不會有機會接觸到真正冰雪聰明的俄羅斯。畢竟生活就是那樣，頂多和洗衣婆婆吵架。第一家書店是Фаланстер，在安靜的灰色巷弄裡。智慧的店員長得很歷史，有些像蘇聯地下文化的繼承人，有些則是後現代俄羅斯最親切的宅男知識份子。離題了，此處不需人本，重點在書。見識狹小的我，在這家書店看見多種學術雜誌以實體方式齊聚一堂，實在有種飄飄然之感。各種古典名著全集伸了長長的懶腰，和對面櫃子最新最刺激的文學大眼瞪小眼。我個人特別喜愛的是這家書店的哲學專書，還有囊括最新動向的文學研究。如果容我稍談自己的經歷，我只能說這家書店有神祕的力量。時隔三年的今天我發現，在那家店買的哲學書、區域研究書、隨意買的文化研究、文學書籍，全部都和我現在所做的研究有關連。到底這家店是不是又一個蘇聯的洗腦計畫，恐怕還需要再研究個三年才能找出答案。

第二家書店也在地段良好的陰暗雜樓，名叫 Циолковский。這家迷人並且有飯味的書店最有趣的是它的舊書區。舊書區有個鳥籠，和一隻不甚溫馴的鳥兒，我在那裡尋得了幾本蘇聯時期的奇妙書刊。離開古老的二手書區往裡面走進，人文書籍的寶庫再度開展。這裡的童書量相當豐沛（那些我們都愛過的蘇聯插畫），還有從哲學至藝術等領域的豐富選書。這家店的排序明瞭卻又不甚易懂，雖然大致上遵循分類可以找到需要的書籍，但上上下下插滿了書，眼冒金星的程度，大抵是克林姆最知性的親吻。附帶一提，不幸與我相遇的那位書店阿姨，用人腦就為我查詢完我一整張尋書清單，令我印象深刻。就像我看 Фаланстер 的熱銷排行，總不免驚嘆，世界上還是有人閱讀的。人類破碎至此，連下一餐都不知道要吃什麼，或許只是缺了一點 Циолковский 滿滿的平攤書，有理無理的接龍遊戲裡，好像答案和晚餐都不是那麼重要了。

當然，除了以上兩家書店，還有許多優質連鎖書店，Дом книги、Лабиринт、Библио-Глобус，族繁不及備載，更不用說那些充滿奇遇的路邊書攤、神祕小書店等。其實這篇雜記寫起來，幾乎跟寫論文一樣心虛。畢竟當年矇懂，和太多作家作品都是相見恨晚，如今記憶的燈火闌珊，扭過頭去看得見的實在太有限了。還盼各位能再指教、指正與更新。如果恰巧還沒去過，那麼請在盧布貶值的良辰吉日，帶著您最牢固輕巧的行李箱，出發前往最久最久的莫斯科旅行吧。

位於新阿爾巴特街上的「書屋」
（Дом книги）書店（丘光／攝）。

吳連哲　Николай

台灣大學歷史學系與國際企業學系畢業。大一時誤打誤撞選上了俄文，但也因此激起了自己對中東歐的興趣。

在台大求學期間經歷過不同時期的俄語老師：從啟蒙老師查麗芝卡雅老師，到沙卡洛娃老師，再到索奧加老師。除此之外，也修習過熊宗慧老師的電影課與文學課。參與過台大俄文之夜與詩歌之夜，並擔任過台北電影節映後座談口譯人員。曾赴莫斯科國立普希金俄語學院參加短期夏季課程，也曾領取教育部俄語文交換獎學金至國立聖彼得堡經濟大學交換。

因為深知自己在俄文方面下過的功夫（第一個學期過後仍無法講出一個完整的句子），畢業後在工作之餘也努力讓自己不要忘記俄文。後輾轉至波蘭羅茲大學攻讀新聞與傳播學。曾為該校俄羅斯文化研究社成員，參與過探討移民議題的戲劇演出「共同空間」，並曾協助招待至當地短期參訪的俄羅斯、烏克蘭、白羅斯與摩爾多瓦學生。目前正在撰寫探討台灣與波蘭兩地報紙對於二〇一四年俄羅斯兼併克里米亞相關報導的碩士論文。

聖彼得堡 Санкт-Петербург

當我首次向樓管大媽詢問宿舍地址時，只見她隨手拿了張便條紙用潦草的俄語書寫體寫下「Грибоедова кан. наб.」①。對於初來乍到的我來說，光是辨識書寫體就很吃力了，看到後面連兩個不知名的縮寫差點沒昏倒。我愣了一會兒，向大媽道謝後，就把紙條帶回房間慢慢研究。

在無數次的表格填寫的過程中，我對格里博耶多夫運河堤岸街這冗長的名稱開始漸漸熟悉了，它最終也成為我在聖彼得堡留下最多回憶的街道。在短短十一個月在俄國北方首都交換的時間裡，我在這條堤岸街來來回回不下數百次。我的宿舍和我交換時的大學——國立聖彼得堡經濟大學（СПбГЭУ）——就坐落於聖彼得堡城市地標之一的銀行橋（Банковский мост）旁，而這條橋連接的就是格里博耶多夫運河的兩岸。每當我走出校園大門，映入眼簾的是守護著這條寬度不寬的步行橋的鷹頭獅（Грифон），更確切地說是牠們的屁股和背上的翅膀。現在國立聖彼得堡經濟大學的主樓在帝俄時代曾經是國家紙幣銀行（Государственный ассигнационный банк）的所在地。出校門後右轉，到涅夫斯基大道（Невский проспект）地鐵站只需要十分鐘不到的時間。在這個交通繁忙的十字路口附近坐落著其他在聖彼得堡具代表性的建築⋯在涅夫斯基大道的一邊聳立著喀山主教座堂（Казанский собор），而另一邊則是書屋（Дом книги）——全彼得堡最大同時也是最美的書店。再向北方沿著運河的方向望去，就是和莫斯科紅場上的聖瓦西里主教座堂（Храм Василия Блаженного）一樣擁有色彩繽紛圓頂的浴血救世主教堂（Спас на

① 格里博耶多夫運河堤岸街（Набережная канала Грибоедова），位於聖彼得堡市中心。

位於彼得堡涅夫斯基大道上的書屋。

Крови）。

這段短短幾百公尺的街道，藏著我在彼得堡珍貴的回憶：抵達第一天和其他同學一起申辦手機門號的電信門市（這號碼至今我仍能倒背如流，雖然它早就失效了）；第一間光顧的俄國夜店「手舉高」（Руки вверх），在那裡聽到了當年傳遍俄國大街小巷的洗腦名曲——Егор Крид 的《Самая, самая》；販賣平價俄國餡餅的連鎖餐廳Пироговый дворик（只要有朋友來訪我都會帶他們去品嚐美味可口的各式餡餅，包括遠從歐洲其他國家來的台大俄文班同學們）；還有我和俄國同學們在勝利日當天看完不朽軍團（бессмертный полк）遊行後歇腳小憩的咖啡店；復活節前夕我擠在虔誠信徒中想要一探東正教節日奧祕，在裡頭站了數個小時卻仍鴨子聽雷的喀山主教座堂。這一切都有如電影般歷歷在目。

離開彼得堡的那天，因為收拾行李、辦行政手續及其他因素，耽誤了離開宿舍的時間。我拉著沉重的行李快步跑向地鐵站，深怕趕不上飛機。此時，格里博耶多夫運河堤岸街和涅夫斯基大道交會處上的紅燈把我攔了下來，或許是希望我好好向聖彼得堡道別吧！我回頭望向這段陪伴我將近一年時光的街景，心中有一種悵然若失的感覺，此一別不知何時才能重遊。但我在心中告訴自己：我一定會重返這陪伴我美好青春歲月的綺麗街道。

聖彼得堡經濟大學就坐落於聖彼得堡城市地標之一的銀行橋旁，而這條橋連接的就是格里博耶多夫運河的兩岸。

格里博耶多夫運河北段的
浴血救世主教堂。

聖彼得堡 Санкт-Петербург

彼得堡紀行之噴泉　河上的小黃雀

Финляндия
芬蘭

Эстония
愛沙尼亞

Латвия
拉脫維亞

Литва
立陶宛

Белоруссия
白俄羅斯

Польша
波蘭

Украина
烏克蘭

Россия
俄羅斯

Казахстан
哈薩克

Каспийское море
裏海

Чёрное море
黑海

Грузия
格魯吉亞

Армения
亞美尼亞

Азербайджан
亞塞拜然

Турция
土耳其

小黃雀雕像 （Чижик-пыжик）

在聖彼得堡坐落著各式各樣的紀念碑和雕像：有的是紀念歷史人物、有的是文學作品中的主人翁，還有不少是以動物為主題的塑像。其中，我印象最深刻的是在噴泉河上一號工程橋附近的小黃雀雕像。這隻可愛的小鳥和其他聖彼得堡歷史悠久的雕像比起來年輕許多，它是一九九四年才根據同名的詼諧歌謠豎立的，但歌曲本身則可以追溯到沙皇時代。當時的帝國法律學院位於堤岸街六號的大樓裡，該校學生因為制服顏色被戲稱為是黃雀。

這個雕像在我第一次知道它的存在時就激起了我的興趣。有一次我獨自來到橋邊，卻遍地也尋不著這雕像的蹤跡（這雕像正如其名稱本身所暗示的一樣並不大，需要將頭探出橋才能清楚看見）。後來，我總算在一次參加城市導覽的機會中找到了它。在這裡也有和在彼得保羅要塞入口處的兔子雕像一樣的傳統：向雕像投擲硬幣並許願，若硬幣停在雕像的底座上，心願一定會實現。一向不怎麼幸運的我就浪費了幾個銅板試試。

在彼得堡交換的第二學期，我認識了一位來自德國的交換生，他有兩個名字：一個是德文名字 Wolfgang，另一個則是俄文名字 Влад。在歐洲，在不同語言中使用不同名字的情況其實相當罕見。他之所以同時有德語又有俄語名字是因為他的家庭是所謂的「俄國德意志人（русские немцы）」，他的祖先在帝俄時期移民到俄國，

噴泉河一號工程橋附近
的小黃雀雕像。

在蘇聯解體後他的父母又重新移民回德國。當年我在班上有不少這樣的同學，有些人出生於現在的俄國、有些則出生於哈薩克。我和 Wolfgang 建立了不錯的交情，我們一起散步、玩電玩，他還教我怎麼打名為「傻瓜」的紙牌遊戲。在他離開聖彼得堡的前一個晚上，我去宿舍拜訪他，並送給他一張明信片和一個小紀念品作為告別禮，我則從他那裡得到了一個有點像是迷你版的小黃雀雕像。雖然後來因為聯絡資訊的更替，我們失聯了，但這尊小鳥雕像始終堅定地站立在我書桌檯燈的底座上陪伴著我。

但願他現在一切都安好、每天生活得快快樂樂，就如同《小黃雀》歌謠中所描述的：

小黃雀啊，你到哪去了？
在噴泉河喝伏特加呢！
喝了一杯、喝了兩杯，
頭腦開始打轉了！

Чижик-пыжик, где ты был?
На Фонтанке водку пил.
Выпил рюмку, выпил две —
Зашумело в голове.

從噴泉河上望向米哈伊洛夫宮（現為俄羅斯博物館分館）東面。

涅夫斯基大道的勝利日「不朽軍團」遊行。

李正哲　Аркадий

一九九四年生於桃園，政治大學斯拉夫語文學系肄業、臺灣大學戲劇學系文學士。

剛上大學時意外進入主修俄文的科系，自此結下與俄文的不解之緣。一度作為俄文的逃兵，卻又在轉換主修後，受契訶夫劇作的人物深深吸引，重新愛上俄羅斯。

本性溫和，但在俄國交換期間都在練習如何用俄文吵架；興趣廣泛，喜歡旅行、看戲，探訪所有未曾造訪的風景。

當代英雄 從台灣出發
台大學生的俄羅斯與後蘇聯行旅

喀山之旅

Финляндия
芬蘭

Эстония
愛沙尼亞

Латвия
拉脫維亞

Литва
立陶宛

Белоруссия
白俄羅斯

Польша
波蘭

Россия
俄羅斯

Украина
烏克蘭

Казахстан
哈薩克

Чёрное море
黑海

Каспийское
море
裏海

Грузия
格魯吉亞

Азербайджан
亞塞拜然

Армения
亞美尼亞

Турция
土耳其

驚喜之旅

在俄國學校放年假的時候，我和朋友坐火車到喀山旅行三天。這完全是一趟偶然且意外的旅行，一直到火車出發前的三小時，我們才將行程討論完畢。我們出發的動機很單純：為了節省旅費，便想去一個距離莫斯科不會太遠的地方。而且我們常聽到別人說：有機會一定要去一趟喀山。原本我們對這次的旅行沒有太多期待，但結果卻完全出乎我們的意料。我們在韃靼斯坦共和國的首都度過相當愉快的時光。

漫步在喀山

有別於喧鬧的大城市莫斯科，喀山顯得並不那麼擁擠，街上行人也從容許多。我們悠閒地在包曼街閒逛（相當於莫斯科的阿爾巴特街），欣賞這裡獨特的「俄韃合璧」之景。東正教與伊斯蘭教、俄羅斯族與韃靼族，歷史古蹟與現代科技等元素，和諧地於此交會並共融。我們幾乎走遍了整個城市，並造訪城內著名的風景名勝：喀山克里姆林①、庫爾沙里夫清真寺、蘇尤姆別卡塔，以及喀山主顯節大教堂等。尤其從克里姆林河岸上眺望的夜景，是一種言語難以形容的美麗，最令我難以忘懷。

我是如何被冰球圈粉的

在網路上查關於喀山的旅遊資訊時，我的目光被喀山雪豹冰球隊的影片吸引住。

喀山克里姆林一隅。

①克里姆林在俄文中為要塞之意，有一些俄羅斯古城至今仍保有完整的克里姆林或部分遺跡。

在這之前，我和友人完全沒有看過任何一場的冰球比賽，但我們都很願意嘗試各種新奇有趣的事物。經過幾分鐘的討論後，我們就在網路上訂了兩張票，當晚就前往體育館看比賽。

「加油，加油！」場內大批觀眾近乎同時地大聲吆喝著。無論他們是來自哪裡，身為哪一種族裔或從事什麼行業，都對場上的隊伍有著相同的熱情。好像有那麼一刻，我和俄羅斯人心的距離又更靠近了一點，而這樣的感受我在此之前從未有過。

真的是非常精彩的一場比賽！我們全程緊盯著在冰上高速移動的冰球。即便我們並不完全了解冰球比賽的規則，我們仍然受體育館內極度熱烈的氣氛所感染。看完比賽之後我們便喜歡上了冰球，我們甚至一人買了一個印有喀山雪豹logo的圍巾及毛帽。

俄式桑拿初體驗

即便我們的旅程基本上是隨興而走，順其自然地沒有固定的計畫，但我心中一直有個念頭是非實現不可的，那就是體驗俄式桑拿。看完冰球比賽後，我們坐計程車到郊外的桑拿房。在我們的想像中，桑拿房裡會有一個「師傅」教我們如何正確地洗桑拿，就像我在有關俄國的旅遊節目看過的那樣。不過很遺憾的是，桑拿房裡面並沒有出現這樣的「師傅」，我們所付的錢只有包含毛巾、兩捆樺樹掃帚，以及四小時的桑

卡班湖畔——韃靼斯坦共和國
內最大的湖泊。

拿房使用時間。於是我們依樣畫葫蘆地模仿在 Youtube 上有關
俄式桑拿的影片，也就是一個人趴在蒸汽室的木凳上，另一個人
用樺樹掃帚用力鞭打他的背。

　　俄式桑拿的最後一項步驟為：將一大盆冰水往自己身上倒。
由於我們兩個都很很怕冰水，我們在蒸氣室裡討論了許久，到底
要不要這麼做。我們討論了近半個多小時，此時我已快不能忍受
如火在燒一般的滾燙蒸氣。於是我衝出蒸氣室，一鼓作氣地往自
己身上倒了一身冷水。當冰冷的水從我的頭頂一路流到全身時，
我的身心靈，同一時間由裡到外的都被釋放開來了。由於俄羅斯
氣候乾燥，我們變得很少出汗。而桑拿的高溫幫我們把累積在體
內的不適都排解出來了。我們迷上了這樣的感覺，甚而又再洗了
四回：先在蒸氣室把身體烤熱，接著再出來倒冰水。我們逐漸習
慣了俄式桑拿，並從中體會到十足的快感。

　　又再過一小時後，我們覺得自己的心臟已不能夠負荷如此強
烈的刺激，就決定去換衣服。當我們把衣服穿上並準備離開桑拿
房時，桑拿老闆很驚訝地叫住我們，並問道為什麼我們這麼快就
要離開。何況我們還剩兩個多小時的使用時間。我們回答老闆說，

筆者於桑拿房內。

來去喀山吧

我強烈建議我所有的朋友們至少要去一次喀山。即便這個城市不如莫斯科或聖彼得堡一般舉世聞名，但我覺得，這裡是人可以真正放鬆的地方。喀山便成了我最喜歡的俄國城市之一。在喀山，你可以用比在莫斯科更便宜的價格，品嘗到美味的佳餚。除此之外，就我個人的經驗來說，喀山人相較於大城市的俄國人，更加地友善且有耐心。我自己會希望至少再去三趟喀山，我還想知道這個城市，在春天、夏天，抑或是秋天的時候，又會是什麼樣的迷人的風貌。

我們已經體驗足夠了。我開玩笑的說：「畢竟我們只是外國學生，不是真正的俄羅斯人。」聽完後，他就把剩下兩小時的錢退還給我們。真是個好人啊！

夜色中的庫爾沙里夫清真寺。

王立宏　Эрик

我在莫斯科最常去的地方不是家樂福的好朋友 Ашан 超市，而是在宿舍旁邊叫作 Магнолия 的超市。直到我回到台灣才去查了這個俄文字原來跟英文一樣——magnolia，是木蘭花的意思。你看，不追根究柢的壞習慣帶到陌生的國度依舊改不了；依舊過著幹練媳婦般的生活；依舊錯過許多學習俄文單字的機會。我甚至忘記我出發前往俄國前是否有如花木蘭般堅毅。

如果你去過俄國，那麼在廉價超市看價格的東方臉孔可能是我；結帳時結巴著說需要塑膠袋的可能是我；在阿爾巴特街買沙威瑪的可能是我；冬天下公車跌入雪堆的可能是我；考過兩次俄檢而花五百盧布車錢去普希金學院拿證書的肯定是我。

當時我剛從台大外文系畢業，自認喜歡拿語言課的選修學分勝過文學。認識俄文就跟認識戰鬥民族的女孩一樣：或許能一親芳澤，卻從未能夠征服！它一開始就給你好臉色看，當你真正開始讀懂它的時候，反而也容易忘記展現學習俄語親民的一面，如歌曲、動畫跟冗長又日常的蘇聯時代電影們，而只會越學越不足，那漂泊的心思隨之飄往那片新舊交雜、由地鐵串起的內陸大城（農村）。

「晴園」裡的
綠色士力架
——漫遊圖
拉

Финляндия
芬蘭

Эстония
愛沙尼亞

Латвия
拉脫維亞

Литва
立陶宛

Россия
俄羅斯

Белоруссия
白俄羅斯

Польша
波蘭

Украина
烏克蘭

Казахстан
哈薩克

Чёрное море
黑海

Каспийское
море
裏海

Грузия
格魯吉亞

Армения
亞美尼亞

Азербайджан
亞塞拜然

Турция
土耳其

在幅員廣闊的俄羅斯旅行，除了最好要會說點俄語、懂得女士優先的禮貌、徒步行走的體力，還有一個重點是必須要有耐心跟隨性。這兩個看似相反的特質，在俄羅斯民族的血液與生活裡完美交融。且聽我的耐心解釋。

二○一七年的五月，正當莫斯科溫度逐漸攀升；脫去冬季浮誇的雪白皮毛，我跟安娜（Анна）、卡季雅（Катя）與柳妲（Люда）相約去圖拉一日遊。在首都度過節慶意味濃厚的冬天，我們希望可以在小城市裡找到一點簡樸的面貌，手機相簿也就不會停留在聖瓦西里大教堂前的聖誕市集而已。說實在我們並沒有仔細規劃每一次的旅行，只要能搭巴士或鐵路到達，基本上就像是搭大環線到一個距離市中心很遠的地鐵站一樣，只不過這個城市裡有著名的茶炊（самовар）以及孕育並埋葬托爾斯泰（Лев Толстой）的土壤。

旅行當天我們起個大早，從文化公園站（Парк культуры）搭到紅衛軍站（Красногвардейская），並轉乘小巴士到了溫暖明亮的圖拉。雖然我對博物館已然失去興趣，但基於女士優先與耐心的原則，我們還是先到了兵器博物館（Тульский военно-исторический музей）去。「令人難過的是」，當天禮拜二博物館公休，我們就只好前往第二個行程——「晴園」（Ясная Поляна），這是一座偏遠而巨大的花園，也是托爾斯泰出生與長眠之地。當我們搭乘 Яндекс 計程車[1] 到那個地方，我很確定當地並沒有足夠的信號，所以也叫不到車。不過記得我說過的嗎？旅行在於

「晴園」是
托爾斯泰的
出生與長眠
之地。

① Яндекс 是俄羅斯與俄語使用國家中最普遍使用的搜尋引擎網路企業，旗下業務包羅萬象，包括外送、計程車、電信等等。筆者在莫斯科交換期間，時常與朋友到其總部一樓的星巴克寫作業、聊天。——作者注

徒步的體力與隨性之姿。

這座花園沒什麼人潮，遍地都是綠草、礫石、沙土、木屋與猖狂的蚊子。沿著似有若無的鞋印小徑，我們終於在一個不起眼的角落發現了托爾斯泰之墓。它看起來就像是一根巨大的綠色士力架（Snickers）②。我驚訝於其面貌與尺寸的卑微，這與我們想像中那個貴族大文豪相去遠矣，他跟當天的我們的共同之處，就是我們想要回歸自然派。我們全身布滿蚊子叮咬的腫塊與一路走來的汗水，說實話也不成敬意。這讓我想起有次走在路上被虔誠的俄羅斯阿姨訓斥我對一尊路邊的偉人銅像不敬，因為我把外套披在肩上，鞋帶還走到鬆脫了。但我不知道那是眾多的俄羅斯偉人中的哪一位。如果在圖拉有參觀到博物館，我相信我會遇見更多不認識的偉人。

再來我們前往一個點心工廠，那是一間很有味道的商店，商店後方是一個供遊客自行製作糕點的工作坊。但同樣難過的是，當天沒有開課。我們幾個在一旁喫茶、吃餅。那裡有賣各種果醬餅乾、摻入蜂蜜的蜜糖餅（пряник）、酸甜的俄式餜子（пастила）等。我們就一邊休憩，一邊泡著可以免費加熱水的茶。在乾燥的大陸，水分補充非常重要，加上俄羅斯飲品中最普遍而便宜的就是茶，不論冬夏皆然。

時值世界盃足球大賽，俄羅斯作為主辦國，那股難以抗拒的運動熱潮點燃這片大地的共同榮譽感。當我們一路往市中心的火車站走去，發現在圖拉克里姆林附近的教堂廣場被徵用為球賽即時轉播場地。隨人潮而立的小攤位販賣著熱狗、大瓶裝冰水與

② Snickers 是源自美國的著名巧克力棒。內含花生、焦糖與牛軋糖。外層則是濃郁的巧克力醬。筆者以此為例，是因為托爾斯泰之墓的造型非常簡樸，遠看就像一根橫躺的綠色巧克力棒。——作者注

在一個不起眼的角落發現了托爾斯泰之墓。

更多更多圖拉著名的蜜糖餅。我們這些觀光客不免俗的買了一些這些回去跟同學分享。而一天已然到了尾聲，我的女性朋友們趕緊在一些亮麗卻不知名的銅像前合照。各位，我說的耐心就是在此時用上的。當你的旅伴們總是邀請你成為俄羅斯風景中的一部分，並以照片作為佐證的時候，要不厭其煩地接受，並持續禮貌地微笑。

最後，我們搭上俄羅斯國家鐵路的火車，再次回到那個熟悉熱鬧的莫斯科。

索菲亞（托爾斯泰之妻）：
「走！我們回家去整理騰寫
『你』的作品。」

托爾斯泰亡魂：「戰爭將至，那我的和平（安寧）又在何處？」

「晴園」的田野與樹林。

廖德融　Иван

嚮往作為一名游子，無論身心，得以自由地進出不同的疆域與情感，更盼能藉此不時回望自身，省思某種作為人的存在。

服役期間，因為接收到內心的某種召喚，浸淫的領域從旅遊管理一躍而至社會科學。並從對東西方各自思想系譜的關注，逐漸神往於位處兩者之間的內陸亞洲歷史。進而開展出對既西也東，卻又非東非西的俄羅斯的興趣。

俄語，自然地成為他試圖進入俄式思惟的敲門磚。於是，一腳甫踏上人文社會學科，另一腳則又踏上俄語環境，假裝自己是當中的一員。得幸至烏拉爾聯

邦大學研習俄語，使他與俄羅斯／俄語的關係從「扮演」到「成真」。同時，立足的視野也似乎逐漸有能力從既有的洋陸交會點，移轉至歐亞大陸帶。

今天的他，正在為下一次進入這個歐亞國度，這片俄語的世界做準備。

當代英雄 從台灣出發
台大學生的俄羅斯與後蘇聯行旅

三次邂逅——卡爾梅克行記

長久以來，卡爾梅克對我而言猶如未解之謎，是一個神話。人們或多或少都聽聞過蒙古。但是，並非所有人都知道，在俄羅斯的歐洲部分有一個名為卡爾梅克共和國的小國度，其人民——卡爾梅克人，無論從基因或歷史上講皆可追溯至大蒙古帝國。卡爾梅克作為歐洲唯一的佛教國家，有趣的是，其形成與拔都汗的金帳汗國沒有直接的關係。卡爾梅克人的祖先土爾扈特人，是衛拉特蒙古人之中的一個部族，十七世紀中葉從西蒙古來到位於頓河與窩瓦河之間的草原，並在此建立了卡爾梅克汗國。①

除了卡爾梅克人的歷史，我也對遼闊的卡爾梅克草原神往已久，好奇他們的生活狀態。但是由於距離遙遠，且缺乏熟悉的卡爾梅克人，導致我一直沒能下定決心一訪當地。幸運的是，與我同樣來自台灣的隔壁室友克魯（Кру），他在台灣時認識了一位現正住在卡爾梅克首府埃利斯塔的多吉（Дорджи）教授。克魯問我：「你想和我一起飛往卡爾梅克嗎？」我立即回答：「當然！」然而，事實證明這將是我一個人的旅行，不過也讓我於此行多了幾場令我回味不已的邂逅。

邂逅一：與同齡人

在卡爾梅克新年（Цаган сар）②前夕，我與同遊莫斯科的朋友們道別，然後飛往埃利斯塔。當我到達登機口時，我即刻感到了一種不尋常的氛圍。自從我抵達俄羅斯半年以來，我第一次有了這種自然地融入周遭人群的感受，因為我們擁有相似的

① 拔都汗為成吉思汗之孫，長子尤朮赤次子。1242 年建立金帳汗國（Золотая Орда），定都於今阿斯特拉罕窩瓦河畔的薩萊（Сарай-Бату）。由於金帳汗國瓦解於十五世紀末，而卡爾梅克人（原土爾扈特人）則是來源於衛拉特蒙古（西蒙古）部落之一，1630 年前後才從今天的新疆遷徙至阿斯特拉罕一帶。因此拔都汗所建立的金帳汗國與後來遷徙至此的卡爾梅克汗國並無直接關係。——作者注

② Цаган сар 的字面涵義為「白色的月份」，原為蒙古人在秋天慶祝奶類收穫的時節，後因入關中原的忽必烈汗受到中國曆法影響，將此年節改至冬季。又因此年節期間與藏曆新年極為相近，在十七世紀喇嘛教（藏傳佛教）於蒙古人之間廣泛傳播之際，確立下了卡爾梅克人這一歷史以來，逐次從早年

外表，我不再顯得特異。

就在等待登機的過程中，我與家人們用中文通了電話，一位坐我對面的年輕人聽見了我的聲音，這也將是我在此趟旅途中的第一場邂逅。這位年輕人的名字叫納蘭，他是位卡爾梅克人，曾經在聖彼得堡學習，如今他在北京繼續深造。他的父母則留在莫斯科，而僅有他在此新年期間返回家鄉探望留在埃利斯塔的祖父母。當我在飛機上整理行李時，納蘭向我打了招呼。原來，他恰好坐我後面的位子。既然我們都能說中文，我們也就很快地認識了彼此。

在卡爾梅克的第三天，我在埃利斯塔市中心的一家咖啡館與納蘭相約。我們開始談論各自在異鄉的生活，交換彼此在國外的生活經驗。我意識到，納蘭經歷過在卡爾梅克、聖彼得堡和北京等地接受教育和生活的經驗，形成了具有層次性的自我認同。過往，他感到在自己國家的一線城市中不被承認，然而他到了北京這個異鄉，卻是因為作為中亞和蒙古學生組織的成員而獲得接納。

我倆就這樣你一言我一語地在咖啡館聊了半晌，決定接著往一旁同樣位於市中心的友誼公園走去。閒步間，納蘭向我介紹了他對沿路一個又一個的紀念像的認識。我則不禁從他的話語中對他成長過程不同階段的經歷很感興趣。由於我對卡爾梅克的歷史做過些許研究，發現納蘭對於他們自己人民的歷史尚未有太多認識，但是如同我對

注

的游牧生活、薩滿宗教、中原曆法和喇嘛教儀式等承繼至今的年節形式。──作者

卡爾梅克新年節慶看板。

住在俄羅斯各個角落和國外不同地區的同齡人交談深富興趣一樣，我正試圖理解他的

感受、情緒和做出的各種評論。我很清楚地記得，在我們道別之前，他問我：「你如

何看待卡爾梅克的本質？」霎時間我愣了一下，就在我回覆之前，他說道：「卡爾梅

克是在歐洲唯一的亞洲地方。」

邂逅二：與教授

在前往卡爾梅克與多吉（Дорджи）教授見面的旅程之前，我便給自己設定了一

個小目標，那就是通過網路盡可能地查找關於多吉教授的訊息，以助我屆時在機場得

以迅速認出他來。但是，當我一進入機場大廳，仍然是他率先認出了我。原來，多吉

僅大我八歲，已經有了自己的家庭，並在卡爾梅克國立大學教授歷史。由於多吉大約

十年前曾經到過台灣學習中文，因此我們也能通過中文交流。

「德融？你好你好！我們上車吧！」他說道，並與我握手。他的熱情，以及他帶

有濃重卡爾梅克口音的俄語給我留下了第一份深刻的印象。我在埃利斯塔停留了大約

一週，與教授約見了三次。在最後一天，他甚至來到車站送我離開。在這段時間裡，

我與他一起參訪了卡爾梅克國立大學的學生宿舍，也參觀了當地於蘇聯解體後在郊區

啟動修建的喇嘛教寺院（хурул）——Сякюсн-Сюме。①

蒙古的喇嘛教起源於十二世紀，當時蒙古人遍布整個亞洲。在十六世紀，蒙古土

①事實上，此寺院的修建於蘇聯解體前夕便已規劃，在彼時總書記戈巴契夫的改革倡議下，共產主義意識形態的統攝力日漸鬆弛。待蘇聯瓦解，1992 年達賴喇嘛十三世親臨卡爾梅克，今 Сякюсн-Сюме 座落處遂蔚為聖地，並於 1996 年落成。在此舊有意識形態信仰喪失，亟待各地精英和民眾通過傳統（宗教）文化填補精神空缺的時刻，一直到 2005 年於埃利斯塔市中心建起黃金寺院（Золотая обитель）之前，這座位於卡爾梅克首府近郊的寺院，都是卡爾梅克人的信仰中心。——作者注

②當元朝覆滅，蒙古人退出中原並返回北方之後，生活也逐漸回復到草原游牧的型態。此時這批位處農耕與游牧文明邊疆交會地帶的蒙古人，一方面失去直接汲取中原經濟與文化資源的能力，另一方面又不至於深居蒙古

默特部人的俺達汗與藏族格魯派的達賴喇嘛三世之間，建立起政治和宗教聯盟之後，喇嘛教成為蒙古人主要的宗教信仰。②

「在佛像前面放一枚硬幣。」多吉在寺院中跟我悄聲說道。在我們來到寺院的大門前，他熟練地走向了廣場上的轉經輪（Кюрде）。他還向我展示了第十三世達賴喇嘛曾經居住的地方，並予寺院賜名。這座房子續存至今，多吉曾經就住在它附近。當他述說這一切時，我注意到他眼神裡充滿敬意。

「您從小就信仰喇嘛教嗎？」我問道。「是的，我跟隨父母和祖父母的信仰。但是曾經我們不得不隱藏我們的宗教信仰。」眾所周知，這與當時的無神論在俄羅斯占據優勢有關。但是，儘管喇嘛教對於我前面提到的年輕人納蘭他的祖父也很重要，為什麼納蘭看待信仰卻如此淡薄呢？

邂逅三・與改宗者

有一座存放佛教文物的覆缽式塔，位於埃利斯塔市中一個現代微型城市——國際象棋城（Сити-чесс）③附近。在我參觀了這座佛塔旁邊的一個小型寺院之後，來到了此處。我小心翼翼地推開門，一個巨大的轉經輪赫然映入眼簾，懸掛在佛塔建物內的中央。前方桌臺上放置了一尊祖古畫像。右側則是鋪砌了禮拜地板。就在我進一步踏入塔內時，有一個人正在我右側禮佛。他叫熱尼亞（Женя），三十二歲，過去

② 草原過上純粹的游牧生活。他們面對中原豐沛的物質條件，以及周遭其他蒙古部落上自我認同的需要，因而形成某種身分上的競爭。身處鄂爾多斯草原、西藏草原，夾處在蒙古草原、西藏高原、漢地中原和中亞（西域）綠洲帶之間的俺達汗，看到了與西藏後起佛教教派格魯派結盟的機會。因此，不僅後者領袖索南嘉措獲俺達汗尊為「達賴」（意為大海），在西藏獲得穩固的政治基礎，藏傳佛教也成為蒙古人建立自我身分的精神歸屬。——作者注

③ 位於埃利斯塔市東南方，一個特意為1998年國際象棋奧運會舉辦而設計的現代造景社區，也反映了卡爾梅克對國際象棋競技的重視。——作者注

在莫斯科經商，幾個月前回到埃利斯塔準備開一家電影院。他禮拜完後，我走近了他。

當他得知我不知道如何進行喇嘛教的禮佛時，熱尼亞開始熱情地指導我。他認為我們是注定結識，因此邀請我去他家吃飯。由於我已經與納蘭先約好了，便答道我會再聯繫他。

當晚我即給他發了一條簡訊，他駛車前來。接著他便帶我沿著城郊，環顧了這座窪地城市，向我展示了這座十九世紀建於窩瓦河下游的卡爾梅克首都。隨後我們前往一九四三至一九五七年史達林鎮壓的受害者的紀念碑。紀念碑前立放了一節火車車廂，這是卡爾梅克人當年遭流放至西伯利亞時，乘坐過的其中之一。這座紀念碑並不在市中心，所以晚上這裡的一切都顯得那樣幽黯而荒蕪。我了解過卡爾梅克人的這部分歷史，知道他們在第二次世界大戰前後遭受過著名並慘痛的鎮壓，但是這個地方卻不曾出現於我到訪前上網搜尋過的遊記之中。

在旅途中，我們不得不交談。「最初，卡爾梅克人被稱為土爾滬特人。他們抵達窩瓦河下游，並於一六三〇年建立汗國。」「是的，直到一七七一年，渥巴錫汗①才將他的一部分人民帶往今天的中國新疆。你怎麼看待這件事呢？」我問。「我知道在中國，他們相信他是英雄，因為他帶領卡爾梅克人來到了東方。但是我認為，若不是由於渥巴錫汗帶走了我們部分的人民，減少了我們的人口，卡爾梅克人可能會變得更加強大。」「您不認為卡爾梅克人與俄羅斯人不同嗎？」我再問道。「您知道，像我一樣，

① 卡爾梅克汗國於十七世紀末，軍事實力達到顛峰，彼時曾與彼得大帝會盟薩拉托夫（Саратов），並借兵俄羅斯應對北方戰爭。然而隨後卡爾梅克因為與衛拉特蒙古部落之一的準噶爾競爭失利、內部的政治動盪，加上沙皇政府決意削弱之，於是卡爾梅克最後一位可汗──渥巴錫汗終於決定在1771率眾東遷。此事在今天中國大陸的語境中被奉為「東歸英雄」，然而不僅東歸沿途人員折損過半，當時未能橫渡窩瓦河的卡爾梅克人也因此在沙俄治下遭遇更為艱難的命運。

──作者注

許多人現在只會說俄語，所以我們已經是按照俄語這門語言的思維方式進行思考。」

他思索了一會兒之後，繼續說道：「你知道卡爾梅克人的性格是什麼樣的嗎？是一種特殊的熱情，有時只是一種暴烈。」

然後，熱尼亞通過他的手機照片，向我介紹了他的人生，以及他儲存的眾多的喇嘛教佛像。他說，幾年前與女友分手後，他對佛教產生了興趣，並仔細閱讀了佛教經文，以期改正自己的性格。現在他不再喝酒或吸菸。接著又帶我去了卡爾梅克的夜店、酒吧、卡拉OK，極力要在有限的時間內讓我看到飽含最豐富面向的卡爾梅克，讓我認識卡爾梅克首都的夜生活。時光飛逝，不想至此已近凌晨十二點。最終，在送我回到旅店前，他決定帶我到他家門口，並打電話給他的女兒，讓他女兒通過窗戶與他和我打招呼。彼時彼刻，我感到自己正在遭遇著的，不再「僅僅」是「卡爾梅克民族」，而就是真真切切的人，和他們的人生。

告別卡爾梅克

在我前往旅程的下一站阿斯特拉罕之前，我再次來到了卡爾梅克人的當代精神中心——黃金寺院（Золотая обитель）②，並在那裡氣定神凝地靜坐了一個小時。

回憶起在卡爾梅克新年當天的上午，我坐在同一個地方參加了卡爾梅克新年的供奉法會（Пүдже）。那時，寺院裡擠滿了老老少少，他們都虔誠地聆聽著喇嘛誦經。法會

自埃利斯塔市郊一處高地俯瞰全市，遠眺市中心的黃金寺院。

② 全名「釋迦摩尼佛的黃金寺院」（Золотая обитель Будды Шакьямуни），是今天卡爾梅克喇嘛教信眾的信仰中心。寺院內部擁有歐洲最大、高達63公尺的佛像。——作者注

結束後，我接著到了市中心的列寧廣場。在那裡，每個人都幸福洋溢地歌唱、跳舞、吃吃喝喝，一同慶祝新年到來。黃金寺院的住持，伊斯蘭教的伊瑪目和東正教的主教，更是在舞台上輪流給予居民們祝福。

這個城市深刻地烙印於我心深處，特別是一份深具包容性感受的特質，無論是來自於這座城市的居民，還是卡爾梅克人一代又一代人的歷史。

納蘭（右）——作者登機前邂逅的第一位對象。或許由於作者難得在俄羅斯對周遭環境感到如此融入，即便覺察到了前方注意的目光，卻並未多想。

在那樣一個從地圖看，出了市區就顯得少有人煙的埃利斯塔，如果沒有多吉老師（右），我不僅不一定會前往這裡，也難能第一手體會老師他對於這座蘇聯解體以來，落成的第一座喇嘛教寺院 Сякюсн-Сюме，流露出的肅穆之情。

與熱尼亞遭遇，
位於國際象棋城
外不遠處的覆缽
塔寺。

熱尼亞，作者邂逅的第
三位對象。相較白天作
者與他相遇於覆缽塔寺
時，表現出的嚴謹與虔
誠，晚間駕車領著作者
周遊埃利斯塔時的熱尼
亞，則有趣的體現在活
潑懂玩，又受宗教影響
而自律要求的兩種形象
之間，不斷進出。

當晚，熱尼亞首先帶
我前來紀念碑 Исход и
Возвращение。 他 一
下車，便嚴肅地走向紀
念碑，重重的朝著它拜
了三拜。

在埃利斯塔市中心的七日塔前方廣場，進行著卡爾梅克新年的慶祝活動。此時，喇嘛教、伊斯蘭教和東正教，當地的三教領袖輪流至台前給予市民祝福。

事實上，多吉老師和熱尼亞都曾開車帶我來到這座位在埃利斯塔東郊的渥巴錫汗紀念像（Памятник Убаши-хану）。據多吉說，這座紀念像是由蒙古國的雕塑家所贈，但是由於他帶卡爾梅克人「東歸」的這件事，對當地人的情感而言本就頗具爭議，或許也因此便放置在這個遠離人煙處了。年輕的納蘭則根本未曾聽聞這號人物，待我簡單地介紹了他的來歷，他僅憑直覺地回了一句：他是 Betrayer 吧？

在市中心廣場的一角，卡爾梅克人正隨著播放出的傳統樂曲舞蹈著，慶祝卡爾梅克新年的到來。

卡爾梅克新年當日上午九點起，埃利斯塔市的喇嘛教信眾便已於黃金寺院內就坐，並虔誠的參與法會進行。

典型的卡爾梅克飲食──俗稱為卡爾梅克餃子（пельмени）的бёриги（下）、油炸的未發酵麵糰борцеги（左上），以及加入鹽與奶調製而成的卡爾梅克茶хурдынг ця（右上）。

卡爾梅克新年法會於中午結束後，信眾們離去前紛紛領取一杯卡爾梅克茶хурдынг ця和一兩塊борцеги，面帶祥和的離開。

劉柏賢 Борис

台南人，畢業於台大社會學系。小時喜愛凝視世界地圖，目光不免被地圖上占比最大也最北的那塊地吸引，心中便萌生此生應造訪俄羅斯的想法。

大學時開始學習俄文，竟發現自己能從拗口的發音與瘋狂的文法中得到樂趣。大學畢業後到俄羅斯高等經濟學院（Higher School of Economics）讀國際關係研究所，前後在莫斯科住了三年。

喜愛北國冬日的冰雪、夏日的涼風，更喜歡有教養的人們。留學期間去過大江南北，但摯愛之地一是莫斯科，一是北高加索。

當代英雄 從台灣出發
台大學生的俄羅斯與後蘇聯行旅

雲中的庫魯
什——高加
索紀行

庫魯什 Куруш

每年夏天，待山上積雪融化之時，會有絡繹不絕的庫魯什村民歷盡千辛萬苦，爬上高聳入雲的沙爾布茲達格峰（Шалбуздаг）。那是高加索穆斯林的聖地。當地人相信古蘭經中的先知蘇萊曼（Сулейман），也就是聖經中的所羅門王，埋葬於沙爾布茲達格峰的山頂。

我從德國的旅遊節目看到庫魯什村民上山朝聖的過程，達吉斯坦與高加索山的美深深震撼了我。我下定決心，到庫魯什村來一趟我個人的朝聖之旅。

烏蘇赫查伊（Усухчай）距離區域中心阿赫提僅十六公里，位在達吉斯坦最南方的山區主幹道上，往庫魯什的支道也起始於這裡。

我詢問了幾台車，始終沒有車子開往庫魯什，但一位司機願意載我到途中的村莊米克拉赫（Микрах）。

那似乎是一輛退役的小巴，破舊而髒亂，地板堆放著貨物，座位是鐵桿與木板拼製的。車上有兩位同是搭便車的乘客，其中一位老先生好奇地與我攀談。

短短二十幾分鐘的車程，卻要爬升海拔六百公尺。這裡沒有柏油路，只有石子與塵土。車子一路顛簸，我坐得頭昏腦脹，當地人似乎泰然自若。

到了米克拉赫，已經沒有來車，我只好靠雙腿獨自繼續前行。這狹窄的

小路沿著山坡蜿蜒向前延伸，繞過一山又一山，一路高升，彷彿通往天際。

山上沒有任何林木，覆蓋山坡地的芳草青翠而鮮美。這一路視野開闊，對面的群山離我有好幾公里之遙。天空則是海洋般湛藍，同時飄著大面積的白雲。一路上沒有來車，沒有行人，倒是偶爾見到幾隻翱翔的老鷹。「喀、喀、喀」──每一步我的靴子踩在碎石上的聲響聽來格外清晰。

雅魯達格峰（Ерыдаг）已在我的正前方。它的山勢獨特，寬大而宏偉，山壁近乎垂直，頂部平坦，宛如擱淺在高加索山上的方舟。

我不斷朝它前進，彷彿一步步走向我的應許之地。

三十分鐘後，我到了庫魯什前最後一個村莊特基比爾肯（Текипиркент）。突然一台車在我前方停下，一個高瘦、黝黑，留著落腮鬍的男人下車，把一些貨物固定在車頂架上。我前去詢問能否載我一程到庫魯什，可惜車裡已坐滿人。

車子揚長而去，不久卻又停下。一位少年從前座下車，坐上後座。駕駛座的男人搖下車窗，向我揮手，喊道：「上車吧！」

經過四十分鐘的顛簸，我們終於到了庫魯什。

庫魯什是全俄羅斯，乃至全歐洲海拔最高的人居地，標高二五六〇公

庫魯什村與雅魯達格峰。

尺；同時它也是俄羅斯最南邊的村莊，越過南面近在咫尺的群山，就是亞塞拜然的領土。

雅魯達格峰像是頂天立地的巨人，佇立在村莊對面，庇佑世居在此的村民。山肩飄著幾朵浮雲，使它顯得更加神聖。

除了一塊小型廣場，村裡幾乎沒有任何平地。幾十間的屋子高低錯落在山坡上，屋頂幾乎全部搭上鐵皮。庫魯什村民基本全是列茲金族人，信奉伊斯蘭教，村裡有間簡樸的清真寺。

想當然，村裡沒有任何旅館，載我來的男人穆罕默德邀我在他家住下。

這天適逢勝利日，廣場有紀念活動，幾乎所有村民都到場參與。儘管慶祝的是「勝利」，但對於一個在戰時犧牲了兩千萬人的國家來說，這天到底不是一個該狂歡的日子。慶祝活動氣氛莊重，不見高加索式的載歌載舞。

村民的臉孔令人印象深刻：高挺而結實的鼻子，濃密的眉毛，棕色的大眼，深邃迷人。男子多數留著落腮鬍，體態結實健碩，眉宇間流露桀敖不馴的倔強，令人想起十九世紀勇猛抵抗帝俄征服的高加索戰士；女子顯得較為膽怯害羞，卻又止不住對稀客的好奇。她們閃爍的明眸教人難以忘懷，如萊蒙托夫所形容，「一雙眼睛像岩羚羊那樣黑，一個勁地直勾勾看著人」①。

庫魯什的女人。

晚間，穆罕默德一家人以盛宴迎接我。鵝黃的燈光下，我們圍著低矮的桌子，坐在地毯上準備大快朵頤。大圓盤裡裝著達吉斯坦名菜──辛卡爾（Хинкал）。這道菜包含高湯熬製的麵疙瘩，以及風乾的羊肉或牛肉塊，再佐以大蒜或番茄醬。味道質樸、濃郁、粗獷，十足的山中牧民本色。

穆罕默德年約二十八，身形高䠷，膚色黝黑，留著落腮鬍，炯炯有神的雙眼像是燃燒的火炬。他是虔誠的穆斯林，在齋戒月嚴守戒律，這是他今天的第一餐。

晚餐後，我們來到屋外透透氣。雖然已是五月，山上的夜晚依然寒氣逼人，陣陣冷風教人直打哆嗦。抬眼一望，滿天星斗讓人心醉。銀河近在咫尺，波光粼粼，就像流著鑽石的河川。在月光照耀下，口中呼出的白煙清晰可見。

隔天一早，穆罕默德一家到不遠處的山坡上的田地忙農活。五月中旬，已是播種馬鈴薯的時節，那是在這寒冷的高山惡地中唯一種得出來的作物。

我順著小徑往山上爬，路上偶有牧羊人趕著羊群。幾隻落後的小羊駐足在路上，逕自咩咩地叫。儘管豔陽高照，山上的狂風仍教我直打冷顫。幾塊岩石突兀地橫臥在山腰上，我爬到這裡，已無力前行。

這小徑一路延伸向上，通往西北方聳立於天際的沙爾布茲達格峰（Шалбуздаг），那就是先知蘇萊曼長眠之地；在南面，分別是巴札爾鳩珠峰（Базардюзю）、拉格

① 出自萊蒙托夫的小說《當代英雄》（Герой нашего времени）。──作者注

丹峰（Рагдан）、查倫達格峰（Чарундаг）等山峰，這幾座山的形狀相似得驚人，如一排戰士般往西邊一字排開，連起來的稜線，是無懈可擊的鋸齒狀。這些山是東部大高加索山脈之巔，保衛著俄羅斯的南疆，過去曾是對抗波斯的最前線。它們的峰頂積著厚實的白雪，在陽光照耀下，刺眼得讓人難以直視；而在東面，則是雷霆萬鈞的雅魯達格峰，近乎垂直的山壁仍有掙扎的殘雪。從這角度看來，整座山峰像極了一頂閃耀的岩石皇冠。

我心底迴盪著萊蒙托夫的詩句：

「高加索，多麼遙遠的地方！你是純樸的自由的故鄉！」①。

彷彿自天上奔來，誤闖人間十秒鐘的時間，便又奔回天上。

霎那間，約八匹不知來自何方的駿馬從我眼前奔馳而過，十秒鐘便消失得無影無蹤。

①出自萊蒙托夫《致高加索》（Кавказу）。——作者注

霧中山羊。

約八匹不知來自何方的駿
馬從我眼前奔馳而過……

曾毓媛（堤緣華）Жасмин

畢業於台灣大學外文系。現就讀東京大學碩士班，攻讀俄羅斯‧東歐地區區域研究。目前研究領域涵括南高加索地區、俄國／蘇聯文學、區域衝突等。

出於偶然在大一時選了俄語作為第二外語，如今緣於命運的必然俄語成為了生活的第一。歷經莫斯科大學交換生活以及結束交換生活後，俄語能力大幅提升後同幅下降，至今學齡約六年，仍在牙牙，莫論學語。

持續學習俄語的動機是音與人。俄語的神祕韻律和繁密的子音成珠，堪稱世界上最魅惑人心的事物之一。我的耳朵似乎再怎麼樣都不會習慣俄語這個樂音，看俄語影集、聽俄語朗誦、以俄語交談，至今都是最上等的興奮劑。第二則是我太渴望與我最敬愛的俄語老師索奧加老師說話，於是在初學階段就以初級文法向母語人士出擊。從溝通的荒涼，到總算理解的柳暗花明，開闊的心境一村接著一村，造就了我心底的大俄羅斯。

碩論將以亞塞拜然作家阿克朗‧艾里斯里 (Akram Айлисли / Əkrəm Əylisli) 為主題，目前正準備產出中文相關論文。俄語牽來的紅線，歷經旅行後繞了一圈轉到了高加索山的樹頭裡，那裡有戰事，還有石榴紅。

巴庫、第比利斯、葉里溫 Баку, Тбилиси, Ереван

巴庫、第
比利斯、
葉里溫
——
南高
加索之行

Финляндия
芬蘭

Эстония
愛沙尼亞

Латвия
拉脫維亞

Литва
立陶宛

Белоруссия
白俄羅斯

Польша
波蘭

Россия
俄羅斯

Украина
烏克蘭

Казахстан
哈薩克

Чёрное море
黑海

Каспийское море
裏海

Грузия
格魯吉亞

Армения
亞美尼亞

Азербайджан
亞塞拜然

Турция
土耳其

1 巴庫——火焰之都

巴庫是魔力的城市。亞塞拜然具有全世界所有種類的地景，而巴庫裡的豔陽、空氣裡的微沙和開闊的藍天接連的敞洋，可謂得天獨厚。當時我對這個城市一無所知，只因為機票便宜就去了。巴庫的東亞面孔少得驚人，我遇到三組好奇的陌生人來搭話。抵達後，踏進外頭的黑夜便會發現巴庫也是不夜的。

火焰塔燃燒著科技，處女之塔在舊市區沉默。美麗摩登的商場、沿岸大道和公園，友善的面孔和神祕的眼睛，流動的畫面生生不息。此趟旅程中亞塞拜然在南高加索三國中最沒有故事與巧遇，卻讓我最無法忘懷。

第二天為了體驗當地生活，我走進了一家地下室小餐廳。我和店員都嚇壞了，我驚訝於陰暗狹小的小宇宙，他們則驚訝於莫名的異國訪客。只怪我不懂亞塞拜然語，與英俄語都不通的店員溝通相當困難，但卻也產生了某種同志情感，以最原始的善意試圖互相理解。店員和常客們熱情地端出了腥味薰天的羊肉薄餅，還多請了我一道酸奶凍湯。

踏遍電影《鑽石手》① 裡鬧劇取景的舊市區，造訪建築

巴庫火焰塔。

巨匠札哈‧哈蒂設計的阿利耶夫中心後，我搭上駛往機場的客運，卻發現我到錯了航廈。「你有十分鐘。快跑！」亞塞拜然的俄語順耳到這句話聽起來都差點是舒暢的。巴庫的機場是我見過最闊氣的建築巨作，我提著行李在美麗的燈光下狂奔，趕上了飛機。喝著亞塞拜然的啤酒，前往第比利斯，巴庫的城市之夜在窗外眨眼、發光。

2 第比利斯──陳年人情

下飛機後第一件事，就是被民宿老闆格里戈里典型的喬治亞男子樣貌驚豔與震懾。濃密的落腮鬍、深邃的五官、粗壯四肢及渾圓肚子。他看起來等我等得相當不高興，坐上車後，他突然用低沉的嗓音問：「第一次來喬治亞嗎？」當時我還不知道這樣一句話會開啟一連串的對話，整晚不歇。

只因為聊到喬治亞美酒極負盛名，老闆便熱情地邀請我來試飲他自己釀的紅酒和恰恰（那是晚上十二點的事）。我們和來自莫斯科的另一對房客夫妻，以及魔法般迅速變出下酒菜的民宿女主人尼娜一同暢飲。休閒娛樂、喬治亞電影、老闆蓋民宿的經過等，各式各樣的話題圍繞著高加索最鮮美的番茄與黃瓜，而我們互相敲著羊角杯，連下一回要說什麼祝酒詞都來不及想。留學生活中與陌生人的交集不少，但這樣有歸屬感的一夜還是第一次。不過自家釀的烈酒也使酒量不差的我第一次醉到昏睡至隔天中午。

① 《鑽石手》(Бриллиантовая рука, 1969)，導演為蓋達伊 (Leonid Gaidai)，是蘇聯時期非常受歡迎的喜劇電影。

在喬治亞要醒酒，就在街上問澡堂在哪個方向，聽從街上的人們指引就能輕易抵達溫泉澡堂的所在。溫泉街上拱圓型的古老澡堂一個接著一個，而裡面的溫泉鮮烈且奇臭無比。我選擇了最便宜的澡堂，小間裡有浴缸和無法停止的水龍頭、細流冷水蓮蓬頭和一個突兀的便池。此時我才因為長途跋涉，腳上起了大水泡，放入溫泉似乎不妥，於是只能撐著牆抬高一腳泡澡。儘管靈泉就這樣錯過了我的其中一個四肢，卻仍把高加索的神氣與精神灌進了我的全身，給了我能量在接下來的旅途中換上夾腳拖，爬遍陡峭的教堂和崖壁。品嚐不容錯過的道地卡爾喬與卡查普里，遇到奇怪的乞丐老婦人、在二手書店蒐羅蘇聯時期的俄文書……接下來的經歷，似乎也不敵那第比利斯酒酣耳熱的第一晚，以及送我到車站，還要求我在小紙片上寫下名字留念的格里戈里淡淡的道別笑容。

3 葉里溫──文明古都

一踏上夜車「亞美尼亞」就好像已經離開喬治亞了一樣，亞美尼亞語的喉音聽起來像是遠古的咒語。典雅的列車廁所是一個小小的洞，底下是鐵路、雜草與乾泥。我獲得了一套蘇聯式的生活布料組（長年疑惑：他們對於棉被、被單和毛巾的理解難道是相同的嗎？）以及高加索的鮮水。清晨甦醒時窗外的景象令人難以忘懷。不真實的白頂巨山在眼前延展，伴隨萬物甦醒前夕的太陽，底下是名為草原的無限。沒有人能不對著粉紫色的清晨呼喊：「亞拉拉特！」為何人們稱之為「聖」山，又為何為此而

喬治亞與夾腳拖。

爭，似乎瞬間變得易懂許多。然而如同俄國不能以理智理解，高加索大抵也只容人肅然起敬，並呼喚他的名字。

在亞美尼亞因為種種因素未能造訪奇景名勝，卻也在前往回程機場的路途上，有幸體會壯大奇景的一小部分。計程車在砂石與塵土橫衝直撞的山路裡疾駛，高加索的美不需索取——那是無可避免的。一路上蜿蜒的山脈和岩石都在告訴我：高加索是活的。普羅米修斯如果曾被釘在這裡，這些路便是他的血管，流向跳動的心臟。而當我意識到我正經歷著類似那震懾普希金和萊蒙托夫的感動，有種貫穿千古的錯覺，彷彿全宇宙都因為這些山——這些全新的信仰——而連接起來了。

除了對於大自然的敬畏，高加索同時也引起了我對人類的探索欲望。眾所皆知「兩亞」水火不容，我早已對出入兩國的困難有所聽聞，然而入境亞美尼亞時審察官奇蹟似地略過了我蓋有亞塞拜然印章的那一頁。沒想到已經要出境時，爭議性的印章卻引起了一連串嚴屬的盤查詢問，讓我接觸到那強烈的敵意。因為此番插曲加上山水與城市的魅力令人難以忘懷，此次旅遊雖然隨意簡單，卻也把我牽引到了研究高加索情勢與文學的道路上。若我微小的學術探索能稱得上是對高加索的某種臣服，想想巴庫燃燒的夜晚、第比利斯的酒香，以及葉里溫近郊的奇觀，似乎叫人心甘情願。

夜車「亞美尼亞」內觀。

金威澄 Владимир Чин

俄文名字是「弗拉基米爾」（Владимир），國立臺灣大學政治學系國際關係組畢業、莫斯科國立大學訪問學生。因為對於北亞、中亞地區的歷史與文化極感興趣，也想親自到這些地方探險旅行，因此從二○一八年起就在臺大學習俄文，受教於熊宗慧老師的門下。

熊老師在課程之中，除了嚴謹的文法解析、發音辨正外，也時常帶入許多俄國馬的經歷、趣聞與小知識，久而久之我對於俄羅斯這個北方大國的興趣又更加深入；二○一九年初，在熊宗慧老師、李正哲學長的指導與提點下，成功地申請到了教育部的獎學金，赴莫斯科國立大學訪問一年。

於莫斯科國立大學訪問的期間，接任第二十六屆《莫斯科臺灣同學會》的活動長，舉辦迎新餐會、俄式度假小屋 Дача 暨俄式桑拿體驗的隔宿旅行、克林小鎮的繪畫彩球暨柴可夫斯基故居巡禮等活動，聯繫旅俄臺灣學子的感情；期間更與其他幹部首創 MOSGUE 專頁，將傳統的《莫訊》改版，以每月主題人物方式，搭配莫斯科各大主題景點，娓娓道出異鄉遊子的北國故事。

除了精彩充實的莫斯科生活外，每逢假期我亦會前往俄羅

斯各地旅行，足跡遍及金環（蘇茲達里、弗拉基米爾、羅斯托夫、科斯特羅馬、謝爾蓋耶夫鎮）、克林、聖彼得堡、加里寧格勒、摩爾曼斯克、索契、克拉斯諾達爾、塔曼、克里米亞半島（刻赤、費奧多西亞、蘇達克、雅爾達、賽凡堡、巴赫奇薩萊）、伊爾庫茨克、利斯特維揚卡、貝加爾湖、布里亞特共和國（烏蘭烏德、恰克圖）等地。

時光荏苒，二○二○年初爆發了 COVID-19 疫情，俄羅斯的確診者自三月以來不斷飆升，四月以後更全面鎖國、封城，我也因此在五月下旬搭乘日本航空包機、提早返國。

在揮汗如雨、淫熱難耐的南方島嶼，回憶著刺骨寒冷、乾燥欲裂的北國大陸，我將見聞與思緒化作篇章，期待與你一同分享。

克里米亞 Крым

當代英雄 從台灣出發
台大學生的俄羅斯與後蘇聯行旅

那年冬季的
國境之南
——克里米
亞之行

Финляндия
芬蘭

Эстония
愛沙尼亞

Латвия
拉脫維亞

Литва
立陶宛

Белоруссия
白俄羅斯

Польша
波蘭

Украина
烏克蘭

Россия
俄羅斯

Казахстан
哈薩克

Чёрное море
黑海

Каспийское
море
裏海

Грузия
格魯吉亞

Армения
亞美尼亞

Азербайджан
亞塞拜然

Турция
土耳其

二〇二〇年冬季，時值遠方的故鄉舉行第十五任總統大選，我自大雪紛飛的莫斯科搭乘小飛機前往俄羅斯的南方大城——索契，並從索契乘坐臥舖火車至克拉斯諾達爾，其後把自己扔進一臺破舊的小巴士，一路顛簸到萊蒙托夫於《當代英雄》中所描述「俄羅斯所有濱海城市中最糟糕的小城」——塔曼。在塔曼游轉了三天後，我便尋找了一輛共乘汽車，橫越「克里米亞大橋」，抵達這片成長在烽火傷疤下、沉浮於溫帶暖洋中的天堂樂園——克里米亞。

自半島北方的英雄城市「刻赤」一路向南，拜訪了艾瓦佐夫斯基的故鄉——費奧多西亞、走過靜謐而詭譎的多石之城——蘇達克，最終來到這座揉合慵懶氛圍與歷史刻印的二戰名城——雅爾達。

一、雅爾達印象

夕陽餘暉幾乎被暗夜的天幕噬嗑殆盡，當最後一絲光線沒入深沉的黑海時，我所乘坐的無軌電車自蜿蜒的山道一路向下，緩緩地駛近這座依山傍海的半盆地小城——雅爾達。

車行經過山腰上的瑪桑德拉葡萄酒莊，我將額頭緊貼著冰冷的窗戶，看著從不遠處延伸而下的萬家燈火，心中不免萌生了一線思古幽情：「原來就是這樣的一座小城啊，承載了古往今來多少歷史轉折、文人墨客的抒情寫意，甚至末代沙皇的夏宮皆立

里瓦幾亞宮內，雅爾達會議「三巨頭」的蠟像，（由左至右分別是史達林、小羅斯福、邱吉爾）。

足於此」。

夜晚的濱海大道上，街頭藝人賣力地舞動著火把，配合著高亢激昂的舞曲，在熙來攘往的遊人面前展示各種雜耍特技。一棵大樹下面，是契訶夫所著《帶小狗的女人》之寫實雕像，望著那一男、一女、一狗的輪廓，眼眶裡也不禁錯置過往，神遊於那些就發生於腳下的風流韻事與羞澀深情。

半漆黑之中，在相隔一道水域的長堤上，幾隻海鷗襯著橘黃的燈光嘎嘎飛過，捎來了一絲浪漫與孤寂。洶湧奔流的波浪自遠方滾滾襲來，在石磚砌成的岸邊激起一陣陣濤天浪花，在冰涼溼潤的空氣中，黑海將他的一部分潑灑給了我，紛飛的浪花沾溼了我的外套，這彷彿也是雅爾達給我的見面禮。

翌日一早，我獨自步行前往里瓦幾亞宮，沿著風光明媚的濱海大道信步前行，隨後轉往蓊鬱蒼翠的環山車道。雖然冬季是雅爾達的旅遊淡季，但作為俄羅斯的國境之南，這裡依舊暖陽普照、綠意盎然；另外，少了成群遊客的雜沓紛擾後，這裡也著實多了分舒服自在呢。

一九四五年二月四日至二月十一日，美英蘇三國在克里米亞半島的雅爾達舉行會議，制定二戰後的世界秩序；美英兩國為了促使蘇聯對日宣戰，因此也在未知會我國的情況下，擅自犧牲了我國的利益。

雅爾達密約簽署的房間，亦是小羅斯福總統的餐廳。

會議的地點——雅爾達的里瓦幾亞宮，原本是沙皇尼古拉二世的夏宮；後來在雅爾達會議期間，由於美國總統小羅斯福行動不便，所以此宮殿除了做為他的住所外，三巨頭也在此進行雅爾達會議、簽訂《雅爾達密約》。

雅爾達會議後，我國雖然憤怒，但在形勢比人強的情況下，只得無奈吞下此喪權辱國的結果，並在日本投降之際與蘇聯簽訂《中蘇友好同盟條約》，進而讓外蒙古公投獨立。

沿著參觀動線走到盡頭，房內的那張長桌就是當年雅爾達會議尾聲時，小羅斯福親自以早餐宴請邱吉爾、史達林的地方；餐後，三人在長桌上簽署了《雅爾達密約》，然後起身前往窗外的中庭合影留念，而那張三人合影的相片，後來也成為各國歷史課本上經典的「三巨頭」。

向晚時分，我回到雅爾達市區旁的濱海大道，循著旅遊指南的建議，搭上一旁的城市纜車，扶搖直上不遠處的小山頂。

纜車由幾片生鏽的鐵板拼裝而成，僅能容納兩人乘坐，座位還是折疊式的鐵椅，身子一往前傾就會自己收合。纜車的本體也極盡破舊簡陋，前後窗戶由兩片透明塑膠板充當玻璃，一旁則是毫無任

雅爾達密約簽署後，
史達林、小羅斯福、
邱吉爾合照的中庭，
在此留下「三巨頭」
的歷史名照。

雅爾達城市纜車。

何遮蔽的矮門，一不小心把扣鎖打開後，整片矮門就會隨之鬆開，露出底下有如萬丈深淵般的懸空視角。

隨著高度漸升，周圍視野亦逐漸開闊，橘黃色的夕陽染透了遠方的黑海，猶如一面閃閃驛動的流金帳幔。天邊鮮紅的霞光映襯著抑鬱的暗藍天空，從山坡延伸到城裡的房舍逐漸點亮了燈火，我離地面已愈來愈遠，天光也由黯淡轉為漆黑。

二、山海之間

山頂的「庫斯塔」（Кусто）咖啡廳，此時已屆打烊時間，我佇立於空無一人的木製瞭望臺上，扶著潮溼的木頭欄杆，環望著眼下閃爍的燈火。

黑海從遠處稍來一陣鹹鹹的風，風中混雜著細微的砂粒，我揉了揉雙眼，凝視那片一會兒失焦、一會兒又聚焦的璀璨夜色。

我想我會永遠記得這份感覺，在二十三歲的尾聲，倘佯於遙遠黑海畔的山海之間，心中只有開闊與豁達，在紛擾的塵世間依然保持著最初的赤子之心。

環望依山而綴的
萬家燈火。

乘船前往燕子堡的途中，從黑海上回望雅爾達城。

在雅爾達的青旅中，
與來自西伯利亞「薩
哈共和國」的朋友
合影留念。

雅爾達濱海大道上，契訶夫名著《帶小狗的女人》的紀念銅像。

雅爾達濱海大道。

江承頤　Владимир

臺北人，畢業於臺灣大學法律學系碩士班，專攻行政法，現為實習律師。大一時曾就讀外文系，並於斯時開始學習俄文。除了俄文一至三外，亦斷斷續續修習過俄文口說及寫作。

當初開始學習俄語的契機，一方面是對列寧主義與托洛斯基主義的興趣，希望有天能看懂原文文本；另一方面是對於語言的興趣，不論是複雜的文法或詰聱的發音於我而言均饒富趣味。真正踏入俄語的世界之後，發現所獲得的遠多於此。雖然語言的隔閡在現代透過機器翻譯可輕鬆打破，但文化的底蘊卻往往非透過當地的語言無以傳達——關於這點，我在學習俄語的歷程中體悟甚深。

當代英雄 從台灣出發
台大學生的俄羅斯與後蘇聯行旅

基輔——
岐路上的
斯拉夫首
都

Финляндия
芬蘭

Эстония
愛沙尼亞

Латвия
拉脫維亞

Литва
立陶宛

Россия
俄羅斯

Белоруссия
白俄羅斯

Польша
波蘭

Украина
烏克蘭

Казахстан
哈薩克

Чёрное море
黑海

Каспийское
море
裏海

Грузия
格魯吉亞

Армения
亞美尼亞

Азербайджан
亞塞拜然

Турция
土耳其

基輔曾經是基輔羅斯以及烏克蘭蘇維埃社會主義共和國的首都，而現在是烏克蘭的首都。雖然烏克蘭與俄羅斯有著共同的斯拉夫起源，兩者之間的關係則十分複雜。

三年前在莫斯科停留了三個禮拜，這次我造訪烏克蘭的動機，是為了一瞥烏克蘭人與俄羅斯人之間，以及曾是同一個國家中兩個共和國分別的首都——基輔與莫斯科之間的差異。更令我好奇的，是兩者間日益深化的裂痕從何而來。此外，造訪車諾比也是此行的重要目的之一。車諾比在一九八六年發生了核災，因此許多人對於此一地點聞之色變。然而真正了解核災發生當晚究竟發生了什麼事的人，卻寥寥無幾。我相信透過實際走訪，將是深入了解這個災難的最佳方式，並且能一窺普里皮亞季這個曾經住了五萬人的蘇聯城鎮中，人們究竟過著什麼樣的生活。

臺灣與烏克蘭間似乎交集不多，但要從臺北到基輔，卻是出奇地容易：首先搭乘十三小時的飛機到伊斯坦堡，再繼續搭兩小時的飛機即可到達基輔。鮑里斯波爾機場（Boryspil）有兩個跑道，但不算大，從機場搭乘四十分鐘車程的鐵路即可到達市中心。

自地理位置的角度觀之，基輔是一個歐洲城市，但我毋寧說基輔比起其他典型的中、西歐城市，更近似於一個已經沒有列寧雕像的「蘇聯城市」。雖然烏克蘭至二〇一九年，已經自蘇聯獨立了二十八年之久，並且近年來努力袪除蘇聯以及俄羅斯的影響，但不得不說仍然處處保留著蘇聯城市的氣息。舉例而言，學校仍以數字命名；城市中穿梭著蘇聯式小巴（按：地鐵售票亭與博物館的展示廳中總是坐著老婆婆；

左為基輔市中心的「獨立廣場」（Майдан Незалежності）。基輔最大的廣場之一，1991 年以來常作為烏克蘭政治集會的場所。

Маршрутка 是蘇聯特有的交通方式，沒有中文直譯，字義上或可翻為定線計程車。與一般公車不同之處在於隨招隨停的特色以及車資傳遞等特有的乘車文化），以及極其華麗的地鐵車站。凡此種種都令人想起典型的蘇聯城市——莫斯科。令我訝異的是，在烏克蘭幾乎不見亞洲人。十三天的停留中，遇到的亞洲人數屈指可數，我在街上經常被投以異樣的眼光。

關於烏克蘭的語言，原本令我擔憂的是衹會說俄語的我，在俄烏兩國因東部戰事所致的緊張關係下，是否將冒犯當地人。但事實上俄文在基輔更為普及（至少就說話的語言而言）。走在街上時，比起烏克蘭文，我更常聽到的是俄文。俄文至少在基輔似乎全然不是個問題。烏克蘭語與俄語皆屬於東斯拉夫語，兩者十分近似。在大多數的情況下，作為一個俄語學習者，我可以理解書面文字的大部分內容；至於口語上亦能有相當程度的理解。有趣的是俄語與烏克蘭語間有一些顯著的差異。例如，烏克蘭語中保留了許多斯拉夫語對月份的傳統稱呼，反倒是俄語捨之而從拉丁語系。舉例而言，三月的拉丁語

為（mensis）Martius，俄語為март，而烏克蘭語為березень。不僅是月份，許多其他詞彙亦復如是。另一個有趣的差異是，烏克蘭語中的「小時」是година，並且常縮寫為год，而此又與俄語中的「年」相同。在基輔經常俄語與烏克蘭語並用，因此偶然看到路旁收費停車場寫著50 грн/год（按：грн是烏克蘭貨幣Гривня的簡寫），總會稍微遲疑。

烏克蘭與俄羅斯有著近似的文化。兩國的主流宗教皆為東正教，而東正教教堂在此也隨處可見。食堂（столовая）在烏克蘭是常見的餐廳形式，而街上經常可見販賣克瓦斯（按：квас，黑麵包發酵製成的飲料，多見於東歐）的攤販。蘇聯的交通形式在此仍然完好無缺。基輔地鐵與莫斯科地鐵看起來幾無二致。街道上的運輸仍然由公車、無軌電車、軌道電車、蘇聯式小巴等共同擔當。其中最有趣的是搭乘蘇聯式小巴：在基輔的蘇聯式小巴的樣貌從七人座汽車到大型巴士都有。透過蘇聯式小巴幾乎沒有地方到不了，但要尋找正確的路線以及乘車處有時並不容易。搭乘蘇聯式小巴時，上車後要將車資直接遞給司機，並且可找零。這在人少的時候尚不成問題，但一遇人多時，在車廂內舉步維艱，此時在車廂後方的乘客便會將車資透過傳遞的方式一路從後方傳至駕駛座。若有找零，所找的錢再一路自駕駛座傳回給該乘客，因此在蘇聯式小巴上看到錢傳來傳去並不稀罕。然而因此車資在途中遭人私吞，或有人遭誤解未付車資的情形亦時有所聞。此外，蘇聯式小巴姑且還算是計程車，因此原則上可以隨招隨停，而乘客下車的方式就是以使司機聽得見的音量大喊「請停車！」「某某地

民族友誼拱門（Арка дружби народів）。1982年為紀念蘇聯建國60周年以及基輔1500周年所建造。其上的裂縫係由社運人士以貼紙黏貼以表達「對關押於俄羅斯的烏克蘭政治犯的支持」。

鐵站！」等。

在烏克蘭的期間，造訪最有趣的地方，無非普里皮亞季，該區域更廣為人知的名字即為車諾比。一九八六年四月二十六日，車諾比核電廠發生了核災，使得一大片土地因為高輻射劑量而不再適居。而附近的城鎮亦因此廢棄，其中即包含了原先居住著核電廠員工及其家庭的普里皮亞季。核災發生後，普里皮亞季的居民急忙撤離，而該城鎮的樣子除了一九九一年蘇聯解體時短暫的混亂而發生的洗劫外，大部分皆保留著當年的樣貌，彷彿時間停留在一九八六年。但這也使我能一窺蘇聯的生活，包括冷戰的氛圍，各種愛國文宣等。除了該城鎮之外，我亦參加了車諾比核電廠內部的導覽。導覽中詳細介紹了核災發生的原因、經過、核電廠現在的狀況與未來的去向等。在車諾比管制區中，某些地方的輻射劑量高達五百毫西弗／小時，因此遊客皆被要求遵守包含出管制區須測量輻射值、穿著防護衣等嚴格的安全規定。

最後，烏克蘭與俄羅斯間的關係是烏克蘭最複雜的政治問題。烏克蘭在歷史上曾經被許多強大的帝國統治，並且曾立於敵對勢力間的最前線，就此，與波蘭最為相似。在基輔羅斯滅亡後，烏克蘭相繼被奧匈帝國、俄羅斯以及蘇聯統治。在史達林主政期間，烏克蘭發生了嚴重的飢荒，而在第二次世界大戰期間，烏克蘭擔任蘇聯防禦前線的要角，死傷慘重，方使納粹無法長驅直入。而直到一九九一年蘇聯解體，烏克蘭暌違數百年，才終於再次建立自己的國家。在獨立後的幾年，烏克蘭奮力於鞏固其獨立

車諾比核電廠的紀念碑，紀念「使全世界免於核災的英雄以及專業人員」。後方為 2018 年新完工的石棺，用以覆蓋四號機組以協助除役工作的進行，預計服役 100 年以上。原本的石棺係於核災發生後倉促建成。

性，並且展現加入歐盟的意圖，然而對於俄羅斯而言，此舉無非使西方勢力的前線更靠近莫斯科而對其構成威脅，這也是俄烏衝突的根源所在。不巧地，烏克蘭對此的看法亦非全國一致，西邊普遍支持疏遠俄國，東邊則普遍認同俄國，導致東方「叛軍」的出現，更加深此問題的複雜性。

在基輔的十三天中，我看到了電視上不停播送著介紹基輔羅斯歷史的影片，參觀了頌揚著二〇一四年親歐洲反政府示威的歷史博物館，在機場看到了指控俄羅斯與普欽對烏克蘭侵略行為的廣告。親西方的基輔中央政府似乎卯足心力推行烏克蘭民族主義。然而東西部對此的反應則大相徑庭。「親歐或親俄？」在往後數十年間似乎仍將是烏克蘭揮之不去的問題。

基輔洞窟修道院（Києво-Печерська лавра）。
世界文化遺產，建於 1051 年，地下建有洞窟
系統，洞窟內設有數座教堂，並置有數十具修
士的木乃伊。

吳連哲　Николай

台灣大學歷史學系與國際企業學系畢業。大一時誤打誤撞選上了俄文，但也因此激起了自己對中東歐的興趣。

在台大求學期間經歷過不同時期的俄語老師：從啟蒙老師查麗芝卡雅老師，到沙卡洛娃老師，再到索奧加老師。除此之外，也修習過熊宗慧老師的電影課與文學課。參與過台大俄文之夜與詩歌之夜，並擔任過台北電影節映後座談口譯人員。曾赴莫斯科國立普希金俄語學院參加短期夏季課程，也曾領取教育部俄語文交換獎學金至國立聖彼得堡經濟大學交換。

因為深知自己在俄文方面下過的功夫（第一個學期過後仍無法講出一個完整的句子），畢業後在工作之餘也努力讓自己不要忘記俄文。後輾轉至波蘭羅茲大學攻讀新聞與傳播學。曾為該校俄羅斯文化研究社成員，參與過探討移民議題的戲劇演出「共同空間」，並曾協助招待至當地短期參訪的俄羅斯、烏克蘭、白羅斯與摩爾多瓦學生。目前正在撰寫探討台灣與波蘭兩地報紙對於二〇一四年俄羅斯兼併克里米亞相關報導的碩士論文。

布列斯特行旅
——白羅斯
2019、2020 年
之回憶、轉變
與希望

Финляндия
芬蘭

Эстония
愛沙尼亞

Латвия
拉脫維亞

Литва
立陶宛

Польша
波蘭

Белоруссия
白俄羅斯

Россия
俄羅斯

Украина
烏克蘭

Казахстан
哈薩克

Чёрное море
黑海

Каспийское
море
裏海

Грузия
格魯吉亞

Армения
亞美尼亞

Азербайджан
亞塞拜然

Турция
土耳其

二〇二〇是動盪的一年。新冠肺炎疫情肆虐全球，世界各國紛紛被迫祭出封城、邊境管制等方式限制人員流動以減緩病毒的傳播，安全無慮的跨國旅遊似乎成為遙不可及的奢望。此時的我是多麼慶幸，一年前的夏天我終於一償宿願——造訪了我夢寐以求的國度——白（俄）羅斯。對這個位在歐洲地理位置正中心的蕞爾小國來說（是的，別懷疑，在該國的波拉次克（Полоцк）就有這麼一個紀念碑！），二〇二〇的劇變更是令人出乎意料。重新閱讀一年前自己撰寫的遊記，赫然發現許多段落早已不合時宜，例如：「白（俄）羅斯從未成為台灣人的目光焦點，就連在鄰近的大國如俄羅斯和波蘭，媒體報導和社會輿論對其關注也都相當有限。當鄰國的烏克蘭因為各種原因成為全球矚目的焦點時，白（俄）羅斯仍靜靜地待在一旁。」短短十幾個月的時間，一切都變了。

＊＊＊

白俄羅斯？白羅斯？

多數台灣人第一次聽到白（俄）羅斯這個國家極有可能是出自藝人瑪格麗特之口，除此之外，關於當地的消息可說是少之又少。這個被拉脫維亞、立陶宛、波蘭、烏克蘭和俄羅斯包圍著的內陸國在二〇一八年曾經公開發表聲明將中文國名正名為「白羅

斯」①，儘管如此我國外交部的網站目前仍使用慣用名稱「白俄羅斯」②。既然該國家官方都要求正名了，我想我們還是尊重對方的意願吧！以前我們總是習慣「白俄」、「白俄」的叫，現在不知道是否應該繼續使用這個簡稱！其實不只中文，就連現代俄語世界中也有兩個指稱此一國家的詞彙：Белоруссия 和 Беларусь。嚴格來說，前者才是真正現代俄語的用詞（正因如此，由其衍生出的形容詞 белорусский 和表示民族的名詞 белорус, белоруска 都是以 бело- 開頭），而後者實際上是源自白羅斯語。但根據該國憲法，其正式國名為「白羅斯共和國（Республика Беларусь）」，在日常生活中多半簡稱白羅斯（Беларусь）來指稱自己的國家，但在俄國的大眾傳播媒體中仍然是 Белоруссия 此一型式較為常見。

網路上有不少關於白羅斯的迷思和玩笑，例如白羅斯人對馬鈴薯的酷愛、白羅斯是蘇維埃社會主義的最後堡壘（聽到這個國家許多人腦中浮現出的不外乎「集體農場（колхоз）」、「民警（милиция）」和「村蘇維埃（сельсовет）」之類的詞彙）。這也造就了一個奇特的現象：白羅斯當地操俄語的人多半使用白羅斯除此之外，外界普遍認為白羅斯是一個注重清潔、講究秩序、執法嚴格的國家，若你夜晚沒有攜帶反光片（фликер）外出可是要吃罰單的！這一類的資訊都再再激起我想要造訪這個神祕國度的意願，我想親眼看看這些刻板印象到底幾分真、幾分假。

① http://china.mfa.gov.by/zh/embassy/news/b8b3447550dfb5ec.html ——作者注

② https://www.boca.gov.tw/sp-trwa-content-71-41b33-1.html ——作者注

波折

我曾多次計畫前往白羅斯一探究竟，以滿足自己的好奇心，但最後總因為簽證問題而作罷。習慣利用免簽旅遊的我，一想到要申辦簽證，光是取得邀請函就是一項浩大的工程。此外，網路上對於申請白羅斯簽證的訊息也相當凌亂，大家各執一詞：有網友表示由於白羅斯和中華人民共和國的緊密關係，基本上不會發簽證給台灣人；另外則有人分享透過郵寄護照到日本成功辦理簽證的經驗。在經過數年的折騰與等待後，我的救星終於出現了——我的白羅斯朋友薩沙和他的家人同意用私人名義替我申辦邀請函。

我和薩沙是二〇一七年在波蘭的預科班相識的。在這為期九個月的課程期間，我們建立了良好的情誼。若要說我們是忘年之交或許也不為過：同窗期間，他還是個甫從高中畢業的青少年，而我卻已是一個好不容易透過延畢才取得學士學位而且還在職場打轉過一會兒的「臭老頭」。正因我們之間的年齡差距，他時常開玩笑地問我什麼時後要退休。玩笑歸玩笑，最令我欣慰的其實是他對我的接納與包容，不管是年紀、文化還是語言上的差異。預科班結束後，我們分道揚鑣，但仍透過通訊軟體維持聯繫。

二〇一九年夏天，他表示想邀請我到他家玩，同時也順道到白羅斯觀光。他或許是回想起我曾經在班上分享我最想去旅遊的國家正是白羅斯，這個答案在法國、義大利和美國等傳統的觀光大國之中，顯得特別突兀。同年七月底，薩沙的家人成功替我申請

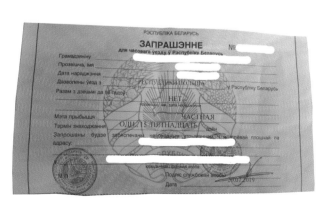

殷殷期盼的邀請函（個資部分經特別處理）。

啟程

二〇一九年九月十日，我前往白羅斯位於波蘭華沙的大使館領取辦理好的簽證，隨後就前往華沙西站客運總站準備踏上這期盼已久的旅程。五點半一到，一台緋紅色的老舊巴士緩緩駛進月台。車身上印著白羅斯城市平斯克（Пинск）的字樣和弓箭圖樣的市徽。當天的乘客多半是在波蘭求學的白羅斯學生或在外打拚的遊子，幾乎人人都提著大包小包，遊覽車下方的行李置放處幾乎被塞滿。一路上車上老舊的映像管小電視播放著不知名的俄語電影。聽著似懂非懂的對話內容，看著窗外逐漸變暗的天色，我內心突然感到一陣焦慮：那是種夾雜著即將前往他人家作客的緊張，與殷殷期盼的夢想即將實現卻又擔心現實不如預期的不安。經過數小時的車程後，我在半睡半醒的狀態下來到波白兩國的邊境檢查站。在順利通過波蘭邊境後，一位身著棕色制服的邊境人員上車一一收取護照、查驗身分。此時客運上一片寂靜，邊防人員也不發一語，默默執行勤務。只有檢查到我時才開口詢問，我此行的目的和是否有前往俄羅斯的打算（白羅斯和俄羅斯共組俄白聯盟，兩國邊境理論上沒有設檢查站，但俄國禁止第三

到邀請函，並用郵寄的方式將正本寄給我。過了超過一個月的時間，邀請函卻仍然連個影子也沒有，當時我心已經涼了一大截，想說鐵定是寄丟了。正當我準備接受命運的捉弄，再次放棄我的白羅斯之旅時，邀請函突然出現了！看著近乎失而復得的文件，我差點喜極而泣。

白羅斯駐波蘭華沙大使館。

國公民透過白羅斯前往俄國）。十分鐘後，護照被發還，客運再次發動。正當我為了順利入境白羅斯而鬆了一口氣時，車子突然無預警地停了下來。車上的乘客們紛紛下車，完全在狀況外的我也只好默默跟著人群走。此時有人提醒我得把所有的行李都一併帶上，我們在邊境的一棟小建築物前排成長長的人龍。在裡頭，境管人員和警犬逐一檢查乘客的行李。這麼嚴格的行李檢查我還是頭一次遇到！後來薩沙告訴我，由於白羅斯和波蘭邊境車流眾多，再加上繁複的行李查驗流程，在邊境檢查哨等兩個小時實屬家常便飯。幸好當天沒有乘客攜帶違禁品，大家的通關都還算順利。一離開邊境，客運隨即駛入白羅斯面積第二大、人口第六多的西部大城——布列斯特（Брест）。

當我抵達布列斯特時，當地時間已是午夜。我獨自一人在空蕩蕩的公車總站等待薩沙和他的媽媽來接我。深夜的車站大廳燈火通明，大門的大片落地玻璃顯得格外窗明几淨。電子化的時刻表和月台資訊著實出乎我的意料。「這客運站完全不會輸給一些西歐國家呢！是誰說白羅斯還停留在蘇聯時代的？」我不禁在心裡咕噥了起來。事後我才知道原來這棟幾乎全新的客運總站是同年的五月二十九日才正式落成啟用的。

為了慶祝布列斯特建城千年（該城最早以別列斯季耶 [Берестье] 的名稱出現在《往年紀事》[Повесть временных лет] 一書一〇一九年的編年記錄中），政府大手筆投資公共建設，除了新的客運站外，還包括：布列斯特西部外環道與聯外大橋的建造、市中心老舊建築和河濱步道的翻新等。當地居民開玩笑說，經過了千年的漫長等待總算是等到這些基礎建設了。

布列斯特客運站出口。

在農業市鎮享受農家樂

薩沙和家人住在離布列斯特十公里左右一個名為切爾尼（Черни）的農業市鎮（агрогородок），這是種當地特有的聚落類型。這種聚落設立的目的在於提供當地居民基本的醫療、社會保障，使其居民不需要一天到晚往大城市跑。切爾尼的政府機構至今仍稱作村蘇維埃（сельсовет），如此一來，就衍生出另一個問題：切爾尼到底算是城市還是鄉村？薩沙總說他住在鄉下，而他的中學好友娜斯季雅（Настя）則每次都糾正他說：「不，我們住在城鎮！」。

薩沙的家位在這個農業市鎮的最末端，在離當地私人小巴（маршрутка）的終點站不遠處。在這附近在蘇聯時期就坐落著一座集體農場。在他們家的這片土地上除了有棟兩層樓高的洋房，還有池塘、小噴泉、桑拿屋（баня）、寬敞的庭院與菜園。他們在自家菜園裡種植甜椒、番茄、黃瓜、覆盆莓、草莓等作物自給自足，庭院裡還有搖椅和跳床可以放鬆身心。然而，薩沙的媽媽還希望在院子裡架設一座高雅的歐式涼亭。

如此寬闊的空間和自然環境對我這個從小在擁擠的城市公寓中長大的小孩來說是難得的經驗，因此在作客期間，我總是希望能好好享受這一小塊「世外桃源」。每天一早我就依照薩沙外婆的建議赤腳在庭院的草皮上踩晨露，吸收大自然的天地精華。薩沙外婆因年輕時辛勤工作、長久站立，近年來長期飽受腳痛的困擾，她表示赤腳踩露水

薩沙家的庭園一隅
——隱身在樹後的
小房子就是桑拿屋
的所在。

對腳部健康相當有益。除此之外，我也跟著外婆一起採收菜園裡的莓果，體驗當城市小農的樂趣。在農業市鎮從事曾經紅極一時的「休閒農業旅遊」再適合不過了！九月份白羅斯的天氣宜人，下午和煦的陽光從湛藍的天空灑下來，十分愜意。泡杯咖啡或茶坐在院子裡的搖椅上聊天、看書、放空，又或者在跳床上和薩沙才剛上小一的弟弟一起蹦蹦跳跳、追逐嬉戲，都能暫時令人忘卻城市的喧囂與快速的生活步調所帶來的壓力與煩惱。這種台灣許多銀髮族夢想大半輩子卻又求之不得的退休生活環境在白羅斯卻是再普通也不過的事。我們都太習慣用數字化的經濟指標來評斷一個國家的發展，卻時常忽略了社會福利和生活品質等難以量化的面向。

然而，在整個庭院中最吸引我的莫過於薩沙爸爸親手打造的桑拿屋。桑拿在俄國和東斯拉夫文化中占有舉足輕重的地位，這在蘇聯的萬年經典賀歲片《命運的捉弄》(Ирония судьбы, или С легким паром!) [1] 中一覽無遺。作為溫泉、桑拿、水療、沐浴的愛好者，我怎麼能錯過這個天賜良機呢？其實我第一次嘗試俄式桑拿是在俄國的聖彼得堡。剛從當地的公共桑拿出來時，一切正常，萬萬沒想到當天晚上就得了重感冒。從那之後我對俄式桑拿有點擔心害怕，但他們總說「家裡的、自製的」最好，因此我決定再給桑拿一次機會。當薩沙的媽媽生火準備把桑拿燒熱時，我們到浴室淨身並換上泳褲。進入桑拿室之前，媽媽給了我一頂桑拿專用的毛帽請我戴上。桑拿屋的原木板凳上擺著一個泡著一捆捆白樺樹和楓樹樹枝的水桶，當時桑拿屋內的溫度約在攝氏一百度。截至目前為止，除了溫度較高外，這和台灣常見的烤箱並沒有太

[1] 《命運的捉弄》描述住在莫斯科的男主角在跨年夜和哥兒們一起到公共浴池洗桑拿。在一行人喝得酩酊大醉後，男主角陰錯陽差地坐上了飛往列寧格勒的班機。殊不知在列寧格勒相同的地址上，矗立著一棟外觀和內部結構一模一樣的大樓。認為自己已經找到自己家的男主角不疑有他，一如往常找到自己的住家號碼，用自己莫斯科的鑰匙打開了列寧格勒相同地址的房門。爛醉如泥的男主角就這樣闖進了女主角的生活，打亂了她的跨年計畫。──作者注

大的區別。此時，薩沙的媽媽從水桶中舀出一杯水，並澆在燒得火紅的石頭上。一瞬間，四處煙霧瀰漫，頓時伸手不見五指，我感覺自己彷彿是蘇聯知名動畫《迷霧中的小刺蝟》（Ёжик в тумане）裡頭的主角。為了避免瞬間高溫造成的傷害，媽媽在灑水前特別提醒我們用手摀住臉，這是整個桑拿過程中唯一比較難受的時刻。大約十分鐘後，我們到外頭冷卻身體，薩沙不顧外頭的低溫一股腦地跳到池塘中洗三溫暖。

薩沙的媽媽特別準備了自製薄荷熱茶。讓身體自然冷卻的同時，我們享受著美味的薄荷茶，這種冷熱交替的感受只能用通體舒暢來形容。現在我總算明白：許多意義重大的政經交易是在洗桑拿時談成的說法並非空穴來風。後來我們又數度進出桑拿屋。為了體驗最正宗的全套桑拿，我躺在板凳上，請薩沙的媽媽用白樺樹枝鞭打我的身體。既期待又害怕受傷害的我閉上雙眼躺在霧茫茫的蒸氣中等待「受刑」。我先是感受到溫暖的水滴一滴一滴地從樺樹枝落到我的背上，之後隨著樹枝的揮舞，熱騰騰的蒸氣漸漸鑽入我的毛孔。這非但沒有想像中的可怕，反而非常愜意呢！做完桑拿的那個晚上我睡得很深、很甜，然而最重要的是我沒有把我的房間和其他人的房間搞混！

也因為借住在薩沙家的關係，我有機會品嘗到最道地的白羅斯家常菜。薩沙的外婆經常來薩沙家幫忙照顧金孫——薩沙小一的弟弟。或許正因如此，她也把我當孫子般地照顧。她在的時候總是三不五時地跟我說：「來，快吃覆盆莓！」「午餐好了，快來吃飯！」「你肚子會不會餓？我來把湯弄熱！」餵食過度的結果就是我在短短的一個多禮拜的時間內就有明顯發福的跡象。外婆除了做給我吃，還為我開了烹飪教室

準備在庭院裡
的搖椅上享受
晚餐。

——一個步驟一個步驟地教導我怎麼煮牛奶粥（молочная каша），做馬鈴薯比薩（картофельная пицца）和煎布林餅（блины）。其中布林餅是我的最愛，不論是甜的（加上酸奶油與砂糖或果醬）還是鹹的（包熱狗和起司或魚子醬），我都愛不釋手。以前在宿舍我就時常看到女同學們在廚房煎布林餅，這看似簡單的菜餚其實暗藏玄機。正如俄語俗諺所說：「Первый блин комом.（第一片布林餅難免結塊，喻首次嘗試失敗在所難免）」但我的布林餅到了第三片還是失敗，顯然我還是比較有吃的天賦！不過當下我也向外婆承諾，之後一定會再自己試試看。後來我也信守承諾，在隔年的謝肉節①靠著一己之力煎出美味的布林餅，這樣總算是能對外婆的用心有所交代。

在薩沙家短住的期間，我也和他去度假小屋（дача）拜訪他的祖父母。他們冬天時住在城裡的公寓，夏天就搬到城外坪數不大的小木屋裡，在自己的花園和菜園上搞搞園藝、打發時間。薩沙的爺爺是軍人退伍，在蘇聯期間曾經在遠東服役。因此當他聽到家父從國軍空軍退役時，頓時感到特別親近。另外有一天晚上，薩沙邀請了他的朋友到家中的院子烤肉，雖然我們用的並非是傳統的烤肉叉而是在台灣相對普遍的烤肉網，美味程度卻絲毫不遜色。最巧的是，當時正值中秋節前後，陰錯陽差之下我也在異鄉用了熟悉的方式慶祝中秋節。在皎白的明月和薩沙朋友們的談笑風生中，我們度過了一個愉快的夜晚。

薩莎外婆做的
美味布林餅。

① 謝肉節（Масленица），或稱送冬節，東斯拉夫民族的傳統節慶，在復活節前的第八週。此時要吃象徵太陽的煎餅寓意送冬迎春。

布列斯特市區

除了在切爾尼農業小鎮體驗慢活外，薩沙也替我安排典型的觀光行程，布列斯特最重要的觀光景點我們幾乎都逛遍了。當地最熱鬧的就是位於市中心的蘇維埃街（Советская улица）。這條徒步街是當地人的娛樂生活中心，街道兩旁有形形色色的商店、餐廳、酒吧、舞廳，還有城裡最大的電影院。沿路則有涼亭、板凳和許多幽默風趣的雕塑，例如：幸運的靴子（Счастливый сапог）和百萬街（Ул. Миллионная）。然而，整條街上最引人注目的就是落成於二○○九年的布列斯特千年紀念碑（Памятник Тысячелетия Бреста）。在高聳的石柱上矗立著一尊手持十字架的守護天使塑像，石柱的周圍則站著曾在布列斯特城市歷史上扮演過重要角色的人物銅像，在他們的腳下則有描繪關鍵性歷史事件的浮雕。一看到這個紀念碑，我馬上想起坐落於大諾夫哥羅德（Великий Новгород）的俄羅斯千年紀念碑（Памятник Тысячелетию России），同樣是將千年歷史濃縮，它們在取材和表達形式上也有許多雷同之處。除此之外，在布列斯特的蘇維埃街上還保留了一項歷史悠久的傳統⋯街上的煤油街燈仍然是每晚由工人一盞一盞手工點亮的！

蘇維埃街上的布列斯特千
年紀念碑。

布列斯特要塞

對於生長於蘇聯時期的人來說，相對於城市本身，更為人熟知的反而是布列斯特要塞（Брестская крепость）。由於一九四一年六月布列斯特要塞保衛戰時英勇抵抗納粹德軍的事蹟，該堡壘在戰後成為蘇聯抵禦外侮的精神象徵，並於一九六五年獲頒象徵最高榮耀的「英雄要塞（крепость-герой）」頭銜。此一殊榮主要授予在蘇德戰爭中有卓越表現的城市，一般稱作「英雄城市（город-герой）」，布列斯特要塞則是榜上唯一的堡壘。儘管在蘇聯解體後有部分學者開始對官方長期以來的歷史論述提出質疑，不可否定的是布列斯特要塞保衛戰仍持續在當地人的歷史記憶中占有一席之地，二〇一〇年上映的同名電影就是最好的證明。

布列斯特要塞位於城市的西部，在穆哈韋茨河（Мухавец）注入西布格河（Западный Буг）處。要塞於戰後改建成紀念園區，多數的紀念碑呈現典型的蘇維埃社會主義風格——氣勢磅礴，高聳雄偉。園區入口處有一面巨大的石雕紀念雕塑，當遊客從挖空的五芒星下方經過時，可以聽到德軍戰鬥機引擎的轟隆聲。園區的正中間矗立著高聳入天的紀念石柱，一旁則有永恆之火和深灰色的布列斯特要塞保衛者紀念雕塑。稍遠處有一尊名為《渴》（Жажда）的雕塑，它描繪士兵忍受著肉體的痛苦總算找到飲水的堅毅精神，與園區的主雕塑遙相呼應。然而，整個要塞中最具代表性的建築非千瘡百孔的侯爾大門（Холмские ворота）莫屬。子彈在紅磚城門上所留下的彈孔至今

布列斯特要塞
入口處的五芒
星雕塑。

仍清晰可見，這同時也是戰爭殘酷對世人的深刻提醒。

除了布列斯特，我們也造訪了位於白羅斯和波蘭邊界的比亞沃維耶扎原始森林（Беловежская пуща）。這片受聯合國教育科學文化組織世界遺產保護的森林是瀕臨絕種的歐洲野牛（европейский зубр）僅存的棲息地，同時也是白羅斯的聖誕老人（Дед Мороз）行宮的所在地。歐洲野牛由於其強而有力和堅毅的形象，成為白、波兩國的共同的精神象徵，其意象被使用在旗幟、球隊名稱，甚至如伏特加等商品上。

感謝薩沙與其家人的盛情邀約與熱情款待，白羅斯人的好客程度果然非浪得虛名！多虧了他們，我在參觀當地知名的觀光景點之餘，還有機會體驗在地人的日常生活，這種寶貴的經驗並非一般的旅行團或觀光客能夠輕易獲得的。但說實話，要用兩週不到的時間深入認識一個國家根本就是不可能的任務！但願未來我還有機會再度踏上白羅斯的土地，繼續探索這美麗的國度！

＊＊＊

後來，薩沙的媽媽又好幾次透過薩沙問我什麼時候還想再去白羅斯「度假」，面對他們的熱情詢問，我總回答希望很快能再有機會。但在二〇二〇年的全球大動盪後，我重返白羅斯的路變得遙遙無期。方興未艾的新冠肺炎疫情使得任何形式的跨越國境變得困難重重，而歐洲嚴重的疫情也大大衝擊各國的經濟。如同許多長期在國外謀生

布列斯特堡壘紀念園區中心——高聳入雲的紀念石柱與社會主義風格的布列斯特保衛者紀念雕像。

的白羅斯人，薩沙的爸爸也在這一波的疫情中丟掉了工作。沒想到屋漏偏逢連夜雨，一年前只是稍有重聽的薩沙爺爺今年身體情況急遽惡化。不久前他被醫生診斷出癌症末期，只剩下兩個月的預期壽命。沒想到才短短一年的時間，就起了這樣的變化。

白羅斯在二〇二〇年除了疫情外，也經歷了從一九九一年自蘇聯獨立以來最大的政治社會變局。被西方媒體稱作歐洲最後一位獨裁者的白羅斯總統盧卡申科（Александр Лукашенко）在位已超過四分之一個世紀之久。二〇二〇年他再度尋求連任，在競選期間他又故技重施，使用行政和司法干預的手段剝奪潛在競爭對手的參選資格，較有社會聲望的候選人不是鋃鐺入獄就是被迫流亡海外。最後未能成功取得競選資格的候選人團結在代夫出征的家庭主婦兼英語老師季哈諾夫斯卡亞（Светлана Георгиевна Тихановская）麾下。毫無政治經驗的她只有兩項簡單明瞭的政見：釋放所有政治犯並重新舉辦公平、公正、公開的總統大選。在她的選前造勢大會上屢屢出現白羅斯當代政治史上前所未有的盛況——場場都有數萬甚至數十萬的熱情民眾，就連原先對政治相對冷感的年輕人也都積極投入。八月九日投票當天，全國投開票所出現長長的人龍，民眾空前踴躍地投票。然而，當晚官方公布的出口民調顯示，現任總統仍以百分之八十以上的壓倒性勝利擊敗得票率只有個位數的季哈諾夫斯卡亞，這樣的結果也在隔天中選會的正式開票結果中獲得證實。身在當代台灣社會的我們或許很難理解這種大規模的舞弊行為，但這在某些三民主不穩固的國家其實是稀鬆平常的事。當地人時常形容總統的得票率和支持度是畫出來的（нарисовать），

布列斯特列寧廣場上的示威人潮（照片由薩沙提供）。

他愛畫多少，就畫多少。儘管盧卡申科的獲勝在多數人的意料之中，而在長期選舉舞弊的情況下真心相信能透過選票變天的人其實為數不多，官方數字和選前季哈諾夫斯卡亞造勢場上場場爆滿的反差，更加深化了許多選民對於國家選舉長期舞弊的不滿，進而激發大量群眾上街抗議。面對大規模的群眾抗爭，白羅斯官方從投票日當晚就祭出鎮暴警察強力鎮壓：以警棍、閃光彈、強力水柱等武器伺候，同時全國的網路也被切斷。街頭抗爭與警察的纏鬥持續數天之久。在這白羅斯近代史上最黑暗的日子，成千上萬的抗議者被抓入拘留所毆打、虐待，有至少五位抗議者在警察的過度執法下喪生。反政府的意見領袖不是被捕，就是被迫離開家園、遠走他鄉，這其中也包括自行宣布當選的季哈諾夫斯卡亞。抗議民眾沒有因為警察的暴力威脅而打退堂鼓，他們的熱情也沒隨著時間而消散。幾個月來，每週日參加反盧卡申科示威遊行已成為不少白羅斯人的例行公事，除此之外，還有每週六的婦女遊行、週一的銀髮族遊行，甚至連行動不便者也挺身走上街頭。這些白羅斯公民每次上街都得冒著被拘捕或暴力強制驅離的風險。除了街頭抗爭外，白羅斯的民眾還透過罷工、罷課、駭客入侵癱瘓政府運作體系等風險。除了街頭抗爭外，白羅斯的民眾還透過和平、理性、非暴力的方式表達訴求。週日的示威遊行不時可以看到家長帶著全家大小一同參加的畫面，薩沙全家也曾帶著小二的弟弟一起參加過在布列斯特舉辦的週日遊行。強調白羅斯民族愛好和平的特質可能是盧卡申科和季哈諾夫斯卡亞唯一的共識。

布列斯特反盧卡申科示威，鎮暴警察駐守在衝突最前線（照片由薩沙提供）。

不可否認，二○二○年的這場總統大選使得白羅斯社會陷入嚴重的分裂，而這就反映在每天在大街小巷上演的「旗子大戰」上。白羅斯目前的國旗是紅綠色側邊鑲有紅白民俗圖騰的旗幟，它的樣式基本上就是將白羅斯蘇維埃社會主義共和國國旗上象徵共產黨的鐮刀圖樣去除。盧卡申科在上台後於一九九五年推動公投用此一紅綠旗取代白羅斯歷史上的白紅白旗幟。正因如此，這面白紅白旗幟長期以來就是白羅斯反對派的象徵。任何的遊行或集會場合，只須看一下參與者手中的旗幟，就不難分辨這是支持還是反對盧卡申科的活動。也因白紅白旗幟的象徵意義，盧卡申科政權長期以來將它視為眼中釘。二○二○年總統大選爭議後，相關單位更是一看到白紅白的旗幟或圖案出現，就得派人清除。因為盧卡申科政權對這面旗幟的零容忍政策，社會上衍生出「我插、就等你來拆啊」的有趣現象。抗議者時常會把白紅白旗幟插在或用塗鴉的方式呈現在相關單位難以處理的地方，接者用攝影機拍下公務員費盡千辛萬苦想要消滅白紅白旗幟的模樣並上傳網路。這充分展現出白羅斯人在和政權長期抗戰期間幽默風趣的一面。

這類影片的荒誕不經在帶來笑料的同時，其實也隱藏著淡淡的哀愁。曾幾何時，執行公務成了眾人揶揄的對象？盧卡申科因為喜愛展現萬事親力親為的表演慾、獨樹一格的口音與用詞和三不五時語不驚人死不休的發言，經常成為網路迷因、梗圖和搞笑影片的主角，不論是疫情期間在冰上曲棍球場旁接受訪問時說：「這裡才沒有什麼病毒呢！妳有看到它們在這飛嗎？」①，又或是在歐洲美國田徑大賽開幕式上半開玩

布列斯特反盧卡申科示威，
遊行民眾拉起巨幅的白紅白
布條（照片由薩沙提供）。

①新聞影片：https://www.youtube.
com/watch?v=FEDqjY5WkcQ
──作者注

笑地爆出一句「我向您保證，兩年後明斯克將成為美國的首都！」②都讓人發笑。然而，在今年的總統大選爭議後，我突然意識到這些笑料其實某種程度上是建立在人民的悲哀上。當一個國家領導人可以在短短的幾天內態度一變再變、隨時釋放不同的訊號，一會兒「我是即將卸任的總統！」，一會兒「最愛的（國家）絕不割愛！」，一下子又變成「總統這個位置我早就做膩了！」，平民百姓真的很難不無所適從。看著自己一年前所寫下的遊記中揶揄盧卡申科的段落，現在的我反而笑不出來。

在那篇遊記的結尾我引用了我在布列斯特要塞聽到的官方愛國歌曲《這是白羅斯》（Это Беларусь），某個週日當我在關注白羅斯遊行新聞時，赫然發現當天政府透過擴音器在整個明斯克向示威者強力放送的正是這首歌。我想，現在或許更適合用季哈諾夫斯卡亞競選造勢主題曲《高牆終將倒下》（Стены рухнут）作結：

讓我們一同摧毀這監獄吧！
這兒本就不該有高牆的啊！
就讓它們傾倒吧！就倒下吧、倒下吧
這些早已殘破不堪的高牆！

Давай разрушим эту тюрьму!
Здесь этих стен стоять не должно!
Так пусть они рухнут, рухнут, рухнут, рухнут!
Обветшавшие давно.

若你用肩膀用力衝撞，
若我們倆同心協力，
高牆就會倒下、會倒下、會倒下
而我們終將呼吸到自由的空氣！

И если ты надавишь плечом,
И если мы надавим вдвоём,
То стены рухнут, рухнут, рухнут
И свободно мы вздохнём!

「Жыве Беларусь（白羅斯萬歲）！」這種帝國色彩太重的口號我實在有點難以啟齒，那就改用一句我們相對較熟悉的：

天佑白羅斯！

願我再次踏上這塊土地時，白羅斯人和平抗爭的堅持與努力已經開花結果，公平、公正、公開的選舉不再只是夢想！加油！

布列斯特堡壘的地標——布滿彈痕的侯爾大門。

詹竣翔　Михаил

目前為國立臺灣大學地理環境資源研究所博士候選人，曾於二〇一五年春天與秋天，兩次商務旅行機會下造訪傳說中的北國俄羅斯，主要都在莫斯科，而第二次還幸運地參訪聖彼得堡。

二〇一四年第一次接觸斯拉夫語，直到這兩趟商旅開啟我學習俄文的機緣，深深體會在俄羅斯不能不懂俄文，因為那是一個英文消失的國度。在這四到五年的學習過程中，除了課內學習以外，偶爾也會接觸許多俄國戲劇、廣播節目、新聞等，很幸運地結交一些俄國朋友，對於俄羅斯文化、歷史、地方特色、美食與景點等都有更深一層的了解。再去俄國之前，我從來沒有想過俄語竟然成為我的第二外語，同時也是我最喜愛的語文。

雖然俄文堪稱是當今最難的三大語言之一，但我相信：「想要了解一個國家的文化底蘊與歷史特色，直接學習當地的語言是最快速的方式了」。值得一提的是，現在有時為了研究內容，還是會需要閱讀俄文論文，並不需要Google 翻譯也能看懂非英文的文章，再也不用擔心是否因為翻譯錯誤而產生誤解，而且覺得十分有成就感！

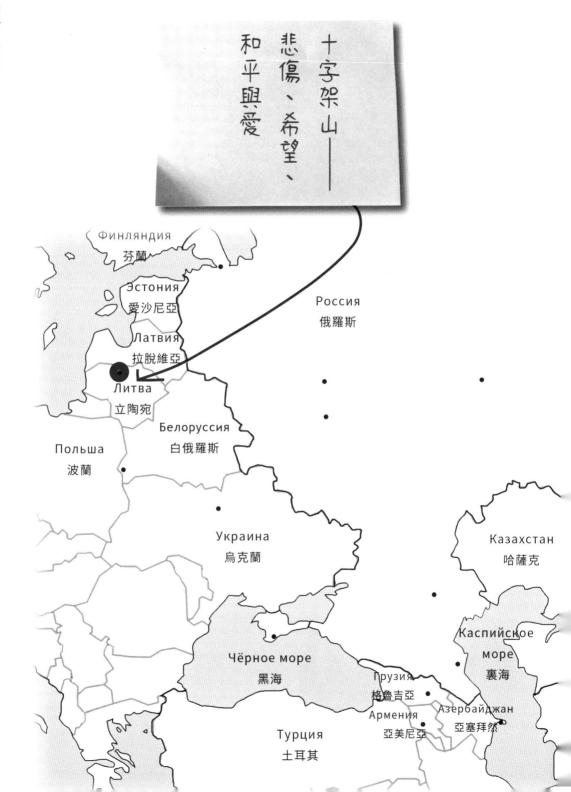

十字架山 Гора Крестов

十字架山——
悲傷、希望、
和平與愛

Финляндия
芬蘭

Эстония
愛沙尼亞

Латвия
拉脫維亞

Литва
立陶宛

Россия
俄羅斯

Белоруссия
白俄羅斯

Польша
波蘭

Украина
烏克蘭

Казахстан
哈薩克

Каспийское
море
裏海

Чёрное море
黑海

Грузия
格魯吉亞

Азербайджан
亞塞拜然

Армения
亞美尼亞

Турция
土耳其

十字架山位於波羅地海三小國立陶宛的第四大城——希奧利艾（立陶宛語：Šiauliai；俄語：Шяуляй）的郊區。這個地名與第一個十字架的由來並無人知曉，不過卻留下來許多不同版本的傳說，那就讓我來帶領你們揭開這神祕十字架的故事。

最為人流傳的一個關於十字架山起源傳說故事……

據說在十四世紀的時候，有一位老農民與他的女兒同住在希奧利艾。某一天，女兒身染重病癱瘓在床，而父親每天向天祈禱希望女兒康復如初，但不幸地他女兒的病情卻每況愈下。有一天晚上，老農民夢到女兒向他要求一個大型木製十字架，並且指定豎立於梅許庫伊契艾（Meškuičiai）村莊附近的山上，如此一來她就可以獲得痊癒。

於是，父親立刻著手製作，並拖著沉重的步伐走了十三小時的路，將象徵希望的十字架立於山上。隔天，父親回到家中，她的女兒已經痊癒站在門口迎接他。從此之後，這奇蹟般康復如初的故事就變成此地的傳說，豎立十字架象徵祈禱親人或是朋友身體早日康復，因此十字架山也被稱作奇蹟之山。

如其他著名地標一樣，此地也擁有一個令人害怕的傳說故事。二十世紀的一位著名藝術家與歷史學家——普羅納斯（Vilius Puronas）提及，這裡山上以前有座教堂，在某次的暴風雨中，不幸地被雷擊中，而教堂、僧侶與附近的人都消失了，每當黎明時分，當地人傳說將有一群僧侶的幽靈在山腳下徘徊。

山中的一條小徑。

還有另一個在十四世紀初的傳說，相傳當時山上有一座木製的古堡住著立陶宛的異教徒貴族。西元一三四八年該座城堡被寶劍利沃尼亞兄弟騎士團（Livonian Brothers of the Sword）摧毀，以達成該地區進行基督教化的目的。許多人相信，當時倖免於難的立陶宛人將陣亡的同胞集體埋葬，因此該地形成一個小土丘。與上一個傳說中的僧侶一樣，戰死的異教徒戰士靈魂會在夜晚時分出沒於山丘附近。

揭開歷史真實的一面……

雖然沒有任何直接證據足以證明上述傳說的真實性，但可以確定的是，在現存的十字架山、俄羅斯帝國與蘇聯之間，是可以找尋到一點蛛絲馬跡。在西元一八三一年十一月立陶宛人民反俄起義失敗之後，為了誤導俄羅斯，有許多立陶宛人開始在這裡掛上十字架，以保護戰死士兵的遺體，到了西元一九一八年第一次世界大戰結束，立陶宛再次獨立，十字架山就成為當地人們祈求和平的地方。但第二次世界大戰之後，又再次被併入蘇聯的領土。即使在無神論的社會主義下，立陶宛人仍然會來到十字架山，放置心靈寄託的十字架；同時這展現了他們對於民族身分的認同、宗教信仰的信念與傳統文化的忠誠。

在西元一九九三年教皇若望‧保祿二世（Pope John Paul II）來到了十字架山，並發表了一段演說：「這是一個為了希望、和平、愛與犧牲的地方。」（A place for

筆者與筆者的旅伴們。

hope, peace, love and sacrifice.）如今，十字架山已成為旅客絡繹不絕的旅遊勝地，且於西元二○○一年被聯合國教科文組織認定為世界文化遺產之一。

初來乍到此地的時候……

在西元二○一五年寒冷的冬天，終於有機會去十字架山，這一個充滿許多傳說的地方。我們從考納斯搭乘第一班火車抵達希奧利艾。令人印象深刻的是，一下車，白靄靄的雪冰封了整個城市。大街上只有兩三個人，經過幾個街區，走到了前往十字架山的公車站牌。在寒風刺骨的溫度下等了許久的公車，一上車發現司機不會說英文；不過很幸運地，有位好心的乘客告訴我們應該在哪裡下車。公車離開了希奧利艾的市中心，來到了一片荒蕪的郊區。下了車，我們就看到眼前的十字架山，看似很近的一段路程，卻因為通往十字架山的山路是一條薄冰的碎石路，距離顯得遙遠。為了方便到訪的遊客可以在十字架山掛上祈福十字架，山腳下設立許多商店，販賣各式各樣不同材質大小的十字架。依稀還記得，當時買了一個木製的小十字架（一歐元），朋友就掛在右邊山路岔路口的十字架上面。

但老實說，在公車站牌看似小小一座的十字架山，當我們走到山腳下時，才發現它原來是如此的宏偉。一想到有關它的傳說，想像著這成千上萬大小形狀不一的十字架，背後都有一個為愛所祈禱的故事。就這樣，我們也拿著象徵祝福我們這趟東歐之

哈巴羅夫斯克 Хабаровск

不尋常的
新朋友
——伯力
遊學記

Финляндия
芬蘭

Эстония
愛沙尼亞

Латвия
拉脫維亞

Литва
立陶宛

Польша
波蘭

Белоруссия
白俄羅斯

Россия
俄羅斯

Украина
烏克蘭

Казахстан
哈薩克

Чёрное море
黑海

Каспийское
море
裏海

Грузия
格魯吉亞

Армения
亞美尼亞

Азербайджан
亞塞拜然

Турция
土耳其

在哈巴羅夫斯克①的語言學校有五位北韓人。

每天早上走進教學樓都能聽到隔壁班低沉的朗讀聲，死板而僵硬，是他們早早就到教室預習。有時候，當門忘記關的時候，我會忍不住探頭，確認那樣嚴肅而整齊的聲音是不是人也能發出來的。

他們能。

而且是每天能。

在他們之中，有一個特別老，有一個穿得特別好。奇怪的是，上學期剛開始我明明記得我看到的是六個（還七個？）。穿得特別好的那個後來不見了，換老的那個穿得很好。

所以他是取代那個有錢人成為新大哥了嗎？好奇，但我還真不敢問。

……

每天北韓同學們都會集體行動（但不會集體上廁所），在左胸前別著印有金正恩和金正恩他爸的紅徽章一起上學。他們的俄文程度很好，卻選擇在初學班上了一年。他們很喜歡和老師交流，常常可以在下課時間看見他們在教室繼續和老師聊天；他們不太跟外國同學說話，也不和說英文的我們有太多接觸。北韓同學最討厭有人的成績比他們高，但當他們發現你的程度真的不比他們差時，他們會主動詢問你的名字，五

①位於俄國遠東地區黑龍江與烏蘇里江交會處的城市，即伯力。

雙眼睛嚴肅地正視著你，然後離開。

還好他們從來不會這樣嚴肅地看著我。

關於北韓同學的種種，都是從我在哈巴最好的朋友、不幸（她常常這麼說）和北韓人同班的她口中輾轉聽來的。我真的沒想過會有那麼一天，我能和他們說上話，用韓文夾雜俄文和他們搭上話，還是在那麼荒誕的情況下。

五個穿著軍大衣、別著金正恩小章、提著黑色手提包的神祕小組，一臉茫然地站在馬路邊，其中一個人拿著手機在找些什麼。

那天下午，我剛從超市提十公升的飲用水回來。大概是因為天氣很好、水很重、日子一如往常的平順，想想再幾個月我就要回台灣了，何時才能再見到北韓人呢？我一時衝動地走向他們，用所知不多的韓文開始搭訕。

「你們在這裡做什麼呀？」

一開口我就覺得不對。南北韓的口音也是有差的吧⋯⋯但我講得肯定不是北韓腔。果不其然，一抬頭就看見他們眉頭緊皺地瞪著我，但說都說了，考量到面子問題，一時間我還真不願意掉頭就跑。於是我改成俄文再問一次。

「難得在街上看到你們，今天下課好早啊⋯⋯」

宿舍老電梯，限重一百斤，只停單數樓，剩下自己走（開玩笑，就算有停雙數樓我也不敢搭）。

「嗯。」

「江邊的冰剛化，你們要去走走嗎？」

「嗯。」

從頭到尾，就只有老的那個在回應我，其他四雙眼睛只是沉默地盯著我手上的十公升水。

如果尷尬能殺人，我大概死一百次了吧。

「我看你們好像在看地圖，所以是迷路了嗎？」

這一次，沒有人回答我了。

我覺得我該走了。男人的面子在世界各地都應該是很重要的東西，更何況我一次捅的是五個男人的面子。拿個十公升的水雖然跑不遠但我還是能溜。至於丟臉什麼的，我的面子本來就不值錢，沒事。

「請問你知道超市怎麼走嗎？」

嗯？剛剛有人說話嗎？

「我們要去買⋯⋯」

十一月，俄羅斯晚秋，陽光是假的。走在零下15度的街道上，勇猛的俄國人戴著簡單的手套、毛帽就足以禦寒。我只差沒有凍到歪腰。

我不想知道你要買什麼啊啊啊啊啊！

「你知道哪裡找得到嗎？」

「過馬路右轉看到紅色屋頂就是！」

然後我就跑了。

⋯⋯

從那之後，神祕五人幫看到我會揮手了，老的那個在樓下抽菸時看到我，還會放下菸說「Привет」（你好）和「Пока」（再見）。

所以，原來，在北韓只要有勇氣捅男人的面子就會和他變親近了嗎⋯⋯？

但我可能還是誤會了什麼。

約莫是一個月後，我才又從朋友那輾轉得知，五個北韓人在某天下課一臉嚴肅地圍著她、詢問她隔壁班的朋友是誰、什麼來歷時，她嚇得立刻交代我的國籍、姓名、年齡、住所。但那又是另一個故事了。

五月，俄羅斯的春天，不知名的花。是一年之中最適合旅行的季節，不冷不熱，有風有花。

從聖彼得堡的莫斯科大道望向環狀運河畔的基督復活教堂。（丘光／攝）

編輯後記

移動的窗景

「我想用萊蒙托夫小說《當代英雄》的旅行概念，請學生寫一些他們在俄國各地旅遊的見聞，現在的學生行動力很強，去過許多我們從前不曾去過的地方，像高加索、西伯利亞……」

——這差不多是在新冠疫情爆發之前，台大外文系熊宗慧老師與沖沖地給我提了這個想法，我當下就覺得可行，好奇地追問學生們去過哪些地方。接下來的日子裡我在腦海中想像著其中一些陌生的地方，再將它們一個個兜在一張無形的地圖上，漸漸有了一本書的雛形。

什麼是《當代英雄》？什麼又是《當代英雄》的旅行概念？《當代英雄》是俄國作家萊蒙托夫發表於一八四〇年的小說，描寫一位俄國軍官佩喬林的高加索軍旅生活，透過佩喬林的旅行筆記，我們可以看到一桀驁不馴、高傲自私，又愛反抗命運的人，同時也看到一個真誠地暴露自己心理毛病的人——這其實是一個「反英雄」，也可以說是反面形象的主角，他這樣自我揭露的理由是：要給社會一面鏡子（因為社會上有很多這種人卻不自知），另外就是給自己找尋人生出路的可能。以我對熊老師的了解，《當代英雄》的旅行概念應該是指，或期許學生：在旅行中發現新知、發掘自我、思索人生之類的……

最後我們順利收到十一位學生的稿子，包括已經畢業的，其中也有人寫兩篇，他們的行腳範圍遍及七個國家的十四座市鎮：莫斯科、聖彼得堡、圖拉、喀山、卡爾梅克、庫魯什、巴庫、葉里溫、第比利斯、克里米亞、基輔、布列斯特、十字架山、伯力，其廣度深度令我們相當欣喜。

這些學生都是因為學習俄文的機緣才去到俄羅斯和前蘇聯成員國，所以我在編排文章時以莫斯科為起始，在地圖上順時鐘轉出去排序，由熟悉的近處到陌生的遠方，並將每個城市以不同顏色標記作為索引，也區別出形形色色的城市風貌。

本書中的每一位作者都是懷抱著獨特的想法和動機前往俄羅斯或其周邊區域，在異鄉追尋心中對該地的想像或驗證課堂所學，與當地人、自然環境互動，並與自己對話，每一段旅程，對他們來說都是珍貴無比且獨一無二的經歷，我們感興趣的正是這些從起點至終點的心路歷程點滴，以及字裡行間流露出的心態⋯走出去勇於面對每一個新的現實——這恰巧也是《當代英雄》小說主角的特質之一。

既然跟萊蒙托夫的小說有這些機緣，那麼書名就用「當代英雄從台灣出發」吧，後來我跟熊老師這麼說。

這本書還有個特點是把中文版和俄文版合而為一冊，中文版直排右翻，俄文版橫排左翻，這本書還有個特點是把中文版和俄文版合而為一冊，中文版直排右翻，俄文版橫排左翻，雙重文本對話性的意義大於其他，這些作者同時以中、俄兩種語言思維來表達同一主題的文章，好似一對思想的攣生兄弟姊妹在不同環境中成長，而讓我們思考：現代社會是否也能在這種兩者有同有異也有對話的特質中看到兩者可各別閱讀，也可對照互覽。以我編輯的角度來看，

出路？

後記中我夾帶了幾張在俄羅斯旅行時拍攝的照片，主題是「移動的窗景」——這一瞬間大概是旅行過程中最迷人的時候，這種有點距離的遠眺，無論靠近或遠離，都很能滿足旅人的想像。對讀者來說，書中任一幅圖像、文字景象都不免是翻頁即逝的「移動的窗景」，而對作者來說，卻可能是難以磨滅的回憶。這幾張對比的照片，是我對這些年輕作者實地走過這片廣袤大地且意志堅定地朝目標向前行的致敬。

丘光
櫻桃園文化總編輯

從聖彼得堡冬宮望向彼得保羅要塞。（丘光／攝）

從聖彼得堡百萬街望向一棟宅邸外的繆思女神。（丘光／攝）

從莫斯科河望向哈莫夫尼基區的聖尼古拉教堂。（丘光／攝）

從莫斯科牧首橋望向克里姆林宮。（丘光／攝）

Герои нашего времени

Из Тайваня в Россию
и постсоветское пространство

當代英雄 從台灣出發
——台大學生的俄羅斯與後蘇聯行旅

Герои нашего времени
Из Тайваня в Россию и постсоветское пространство

ISBN 978-986-97143-5-8

Составители
Ольга Павловна Сологуб, Серафима Цзун-Хуэй Сюн

Редактор
Ольга Павловна Сологуб

Издательство «VS Press».
https://vspress.com.tw/

2021

СОДЕРЖАНИЕ

Приветственное слово

Дорогие читатели!

Искренне рад приветствовать вас на страницах этой интересной и полезной книги. Интересна она тем, что состоит из рассказов, написанных студентами, изучавшими русский язык – они прекрасно разбираются в особенностях наших славных традиций и богатой культуры.

Вдвойне приятно, что ребятам удалось побывать в необычных для иностранных туристов российских городах, пообщаться на русском языке с простыми людьми, проникнуться атмосферой доброты и гостеприимства и увезти с собой на Тайвань светлые воспоминания.

Отдельно хотел бы отметить труд составителей этого пособия, авторов замечательной идеи объединить учебные материалы с красочными историями из жизни студентов, связавших свою жизнь с изучением языка и культуры нашей

страны.

Надеемся, что незабываемый опыт, полученный рассказчиками, будет полезен вам, вновь изучающим русский язык, и что однажды у вас тоже появится возможность поехать в Россию за новыми впечатлениями.

Не без удовлетворения отмечаю, что за последние несколько лет интерес жителей Тайваня к России ощутимо возрос. Это произошло не только потому, что открытые с недавних пор прямые рейсы из Тайбэя в Москву и Владивосток, а также электронные визы сделали путешествия в Россию более удобными и менее затратными. И не только потому, что между российскими и тайваньскими образовательными организациями поступательно развиваются научные и академические связи, благодаря которым появляется больше возможностей для обучения тайваньских студентов в России. И не только потому, что на прошедшем в 2018 году в российских городах Чемпионате мира по футболу присутствовало не менее 1500 тайваньских болельщиков. И не только потому, что с каждым годом все больше российских танцевальных коллективов, музыкантов, дирижеров приглашаются на Тайвань. И не только потому, что все чаще пользуются спросом проходящие в крупных городах Тайваня фестивали национальной русской кухни и культуры.

А произошло это, на мой взгляд, во многом благодаря тому, что на русском языке говорят в 17 странах и территориях, он является одним из шести официальных языков ООН, самым распространенным языком в Европе и самым распространенным славянским языком в мире. И поэтому все

больше людей во всем мире стремятся освоить русский язык и успешно им пользоваться в дальнейшей работе и жизни.

Желаю вам усердия на этом поприще и всего самого доброго!

Искренне Ваш,

Сергей Владимирович Петров

Руководитель Представительства

Московско-Тайбэйской координационной комиссии по экономическому и культурному сотрудничеству в Тайбэе

Дорогие друзья!

У вас в руках необычная книга, потому что ее авторами являются не преподаватели, ученые-лингвисты, а студенты, изучавшие русский язык в Национальном Тайваньском университете. Эти студенты тоже необычные: неравнодушные, заинтересованные, увлеченные, умные, талантливые... Они посетили целый ряд курсов по русскому языку, как основных, так и дополнительных, как в своем университете, так и за его пределами. Многие из них продолжили обучение в разных вузах России: в Москве, Петербурге, Екатеринбурге, Хабаровске и т.д. Есть среди них и такие студенты, которые включили в сферу своих профессиональных интересов проблемы россиеведения и получают соответствующую подготовку в магистратуре. Все они увлечены русским языком, русской культурой, русской историей и, конечно же, много путешествовали как по современной России, так и по постсоветскому пространству. И в один прекрасный момент родилась идея: а не поделиться ли своими впечатлениями, полученными

во время обучения и путешествий в России и постсоветском пространстве, со следующими поколениями студентов и вообще с заинтересованными читателями, заодно проявив приобщённость к русскому народу и к русской культуре и расширив представления читателей о стране изучаемого языка, усилив интерес к ней, ее народу и языку, на котором он говорит? Такой взгляд помогает увидеть Россию со стороны, глубже ее понять, прочувствовать, вызвать интерес к различным сторонам русской жизни и тем самым, возможно, и мотивировать к серьезному изучению русского языка и литературы.

В рассказах наших авторов присутствуют и бытовые зарисовки, и исторические экскурсы, и географические справки, и обращения к народным легендам и преданиям, и рассуждения о современной истории и культуре, и наблюдения за особенностями поведения русских людей и людей других национальностей, проживающих в России и на постсоветском пространстве. Описания могут содержать юмор и добрую иронию или самоиронию, могут быть наполнены лирикой, поэзией, их объединяет открытость души, желание познать новый мир под названием Россия. Все это демонстрирует высокий уровень владения русским языком авторов эссе, их широкие возможности в выражении своих мыслей, эмоций, оценок на русском языке, одном из самых трудных языков в мире.

Надеюсь, читателей ждет интересное, увлекательное путешествие не только в новую неизведанную страну, ее регионы, города, поселки, но и в другую страну, тоже во многом пока неведомую, таинственную, но не менее интересную -

страну под названием Русский язык.

Удачи всем, кто решился на путешествие по этой стране!

Ольга Павловна Сологуб

Доцент факультета иностранных языков и литератур Тайваньского национального университета

"Изучение русского придает мне смелость..."

Краткий обзор курсов русского языка и литературы в Тайваньском национальном университете (Тайда)

В нашем университете - Тайваньском национальном университете (Тайда) - нет факультета русского языка. Однако курсы русского языка и литературы преподаются в Тайде уже тридцать лет. Эти курсы были запланированы, а затем разработаны с целью развития базовых языковых навыков и приобретения знаний по русской литературе. Курсы по русскому языку и литературе можно классифицировать по лингводидактической направленности: (1) формирование грамматических навыков: русский I (базовый), русский II (средний) и русский III (продвинутый); (2) формирование навыков владения основными видами речевой деятельности: говорение, письмо, аудирование как на основных курсах, так

и на спецкурсах по аудированию, письменной речи, русской разговорной практике I и II и (3) формирование навыков чтения произведений русской литературы: чтение избранных оригинальных произведений (поэтических и прозаических), чтение произведений русской литературы на родном (китайском) языке.

Студенты нашего университета могут свободно выбирать для изучения русский язык как второй иностранный язык (первый иностранный язык - английский). По этой причине студенты приходят к нам с разных факультетов, по специальности они филологи, социологи, историки, математики, физики, химики, биологи, экономисты, программисты, юристы и т.д. Те, кто выбирает русский язык в качестве второй специальности, должны освоить как минимум двухгодичные базовые курсы русского языка и, кроме того, курсы по литературе, письменной речи или курсы, связанные с европейской политикой, историей и экономикой. Факт освоенности этих курсов свидетельствует о том, что студенты владеют уровнем русского языка, необходимым для общения в разных специальных областях (экономике, дипломатии, политике, лингвистике, литературоведении, информационных технологиях и т.д.). Таким образом, для студентов изучение русского языка становится делом необходимым и почетным.

Желание - самый важный импульс в изучении русского языка

Как сказано выше, наши студенты изучают русский язык по желанию, и в этом случае их мотивация к изучению русского

языка всегда является для нас, преподавателей русского языка в Тайде, темой для обсуждения со студентами. В начале учебного года, на первом занятии, я обычно спрашиваю студентов: «Почему вы решили изучать русский язык?». Их ответы часто однотипны, например: «русские буквы красивые», «русский звучит приятно», «учить русский - это круто». Иногда ответы студентов неожиданны, вызывают интерес, например: «у нас на Тайване очень жарко и летом, и осенью, но когда я смотрю на русские буквы, они дают мне "ощущение прохлады"», «я изучаю русский язык из-за Евгении Медведевой», «хочу знать, как русские ругаются во время онлайн-игры». В этих полушутливых ответах я тем не менее уловила серьезность желания изучать русский язык. И это желание будет поддерживать многих студентов в трудном процессе изучения русского языка в течение двух-трех лет. Многие же учащиеся перестают изучать русский язык после первого семестра, а примерно одна треть заканчивает двухгодичные курсы. Количество студентов, завершивших трех годичные курсы, еще меньше. И совсем мало тех, кто, помимо языковых курсов, изучает русскую литературу.

И все-таки для всех наших студентов выбор русского языка как второго иностранного языка всегда не случаен: они испытывают особый, повышенный интерес к России, русской культуре, традициям русского народа и пр. Поэтому было интересно еще раз задать тем, кто осваивает (или освоил) русский язык по полной программе, тот же самый вопрос, который задавался им в начале изучения русского языка: «Почему вы продолжаете изучать русский язык?». И в этот раз их ответы были еще более конкретными, более уверенными:

«Я хочу исследовать жизнь этнических меньшинств в России, русский язык для меня необходим» (Иван [Наши русские преподаватели обычно дают студентам русские или европейские имена]);

«Я люблю русский язык. Он расширяет мой кругозор и придает мне храбрость. Я буду продолжать изучать русский язык в России» (Шайен);

«Моя мечта – путешествие по Кавказу, и самым удобным языком для коммуникации там является русский язык. А я владею русским языком!» (Борис);

«Меня интересует Средняя Азия, и изучение русского языка помогает мне исследовать этот регион» (Иван).

Эти мотивации побудили студентов отправиться в путешествие по России. Многие из них съездили в Россию уже после первого года обучения. Да, они путешествовали по России, но не просто путешествовали - они внимательно рассматривали, слушали и даже исследовали эту широкую по территории и культурно богатую страну. Некоторым студентам удалось попасть в такие места, которые не упоминаются ни в одном путеводителе, более того, в этих местах даже многие русские не бывали. Комфорт и удовольствие не были целью студентов, их стремление - вырабатывать в себе силу воли и расширять свой кругозор. Поэтому мы смело можем называть их героями нашего времени. Для них Россия - это не только огромная страна, богатая природными ресурсами и культурными достижениями, но еще она привлекательна с точки зрения научных исследований.

Владение русским языком + широкий кругозор + храбрость!

Данная книга не может рассматриваться просто как учебник по чтению, но она не является и путеводителем в его общепринятом смысле. Данная книга представляет собой особый сборник - сборник эссе, написанных студентами университета Тайда. Все они изучали русский язык минимум один год в Тайда и учились в России как минимум один год. Все они с разных факультетов и имеют разные специальности, но их объединяет то, что они выбрали русский язык как второй иностранный язык, затем они познакомились друг с другом на занятиях, некоторые из них потом вместе поехали учиться в Россию. Когда они вернулись из России, я предложила им написать эссе о жизни в России, о впечатлениях, которые они получили во время своих путешествий по России. Все они с готовностью согласились.

Процесс создания этой книги долгий, но благодаря усилиям всех авторов эссе, благодаря моей дорогой коллеге Ольге Павловне, а также благодаря редактору этой книги Чю Куангу, книга, наконец, родилась. Этот сборник эссе состоит из двух частей: русскоязычной и китайскоязычной, соотносящихся друг с другом, но при желании или необходимости они могут восприниматься и по отдельности. Русскоязычная часть адресована носителям русского языка и иностранцам, говорящим по-русски, китайскоязычная часть соответственно адресована носителям китайского языка и иностранцам, говорящим по-китайски. А те, кто владеет обоими языками, могут без проблем читать эту книгу в любом варианте и

получать удовольствие от чтения. В книге демонстрируются хороший уровень владения русским языком наших студентов, их богатые знания русской культуры, широкий кругозор, мудрость и - храбрость! Все эти качества необходимы для изучения русского языка.

Как создатель этой книги и как преподаватель русского языка я надеюсь, что эта книга - начало всех начал. Я надеюсь, что она послужит сильным стимулом для тех, кто желает изучать иностранные языки. Эта книга - пример того, как можно осуществить свою мечту, не боясь познавать мир, знакомиться с другими культурами. Мне хотелось бы закончить мое предисловие фразой: "Юноши и девушки, будьте амбициозны!" (Эта фраза - девиз Университета Хоккайдо - немного видоизменена. Изначально она звучит так: «Юноши, будьте амбициозны!» ["Boys, Be Ambitious"]).

Искренне благодарю руководителя Представительства Московско-Тайбэйской координационной комиссии по экономическому и культурному сотрудничеству в Тайбэе Сергея Владимировича Петрова за его добрые слова в адрес этой книги и щедрую помощь, оказанную в процессе ее создания.

Серафима Цзун-Хуэй Сюн

Доцент факультета иностранных языков и литератур Тайваньского национального университета

Владимир Чин 金威澄

Меня зовут Владимир. Я изучаю русский язык с 2018 года. Я очень интересуюсь историей и культурой Северной Азии и Центральной Азии. Также я хотел путешествовать по России, поэтому я стал изучать русский язык в Национальном университете Тайваня.

Прогулка по Москве

Осенью 2019 года я получил государственную стипендию Минобразования и поехал учиться в МГУ на год. Во время обучения я любил исследовать в Москве каждый уголок, поэтому много бродил пешком по намеченным маршрутам.

1. От Воробьевых гор до Красной площади

Поздним летом и ранней осенью, когда я только что приехал в Москву, я часто после занятий гулял в одиночестве вдоль Москвы-реки от главного корпуса Московского университета на Воробьевых горах до Красной Площади.

Общежитие в главном корпусе МГУ стало моим домом в Москве. Это высокое, величественное здание, выполненное в архитектурном стиле сталинской эпохи, украшенное на главном входе символами советской эпохи в виде серпа и молота и красной звезды, но при этом корпус очень старый.

Если гулять по просторному саду в направлении от главного здания до конца Воробьевых гор, то через четверть часа можно добраться до смотровой площадки Воробьевых гор. Здесь всегда бесконечный поток туристов, юношей и девушек на тяжелых мотоциклах, прислоненных к холодным, мощным каменным поручням. Отвлекшись от чужих разговоров и смеха и всматриваясь вдаль, ты можешь лицезреть вид на Москву-Сити, расположенный на двести метров ниже. В открывающейся панораме словно демонстрируется сочетание современной архитектуры и классической элегантности зданий.

Я спустился со смотровой площадки Воробьёвых гор и дошел до станции канатной дороги, миновал ее, а затем свернул на боковую дорожку и через густой лес на большом склоне добрался до самой Москвы-реки.

Проплывая на экскурсионном теплоходе по сверкающей Москве-реке, я увидел огромное здание с круглым куполом – это крупнейший стадион России - стадион «Лужники». Канатные дороги, тянущиеся с вершин Воробьевых гор, пересекают Москву-реку, а шумное метро прижимает сбоку Лужниковский железнодорожный мост. Если вы будете смотреть на берег реки, то можете почувствовать прекрасную атмосферу несмотря на невзрачный советский индустриальный стиль.

Днем, когда солнце начинает клониться к западу, после получасовой прогулки я сажусь на ухоженную и чистую скамейку у реки и наблюдаю за сияющими лицами мужчин, женщин и детей, ощущая свет и веселую атмосферу вокруг. Проезжая мимо оживленного Третьего транспортного кольца Москвы и зеленого парка Горького, я заметил, что дороги вдоль берега реки постепенно расширяются, это означало, что я все ближе и ближе к центру Москвы - Красной площади.

И тут я обратил внимание на статую Петра Великого, которая стояла посреди Москвы-реки. Низ постамента разделяет реку. Памятник был сооружен к 300-летию создания Российского военно-морского флота. Петр Великий – это национальный герой, который обеспечил победу России над Швецией в Великой Северной войне и сформировал славу славянской нации. Почти 100-метровый Петр Великий гордо возвышается на палубе парусного корабля 17-18 веков со старой навигационной картой в руках, вглядывается в бескрайнюю даль, как бы прорываясь сквозь три столетия. И впоследствии царь-силач, продемонстрировавший русскую мощь, управлял своей северной державой, как маяком.

Проезжаем мимо статуи Петра Великого, маленького островка слева, пересекаем Патриарший мост с уличными фонарями и оказываемся у белого позолоченного Спасского собора. В свое время Сталин без колебаний взорвал историческую православную церковь, чтобы на этом месте построить свой «советский дворец». Однако из-за разлива Москвы-реки и начала Великой Отечественной войны финансирование было ограничено, поэтому Советский

дворец так и не был построен. Во время правления Хрущева, который был впечатлен европейскими и американскими бассейнами, на месте этого разрушенного собора был построен общественный бассейн под открытым небом. Накануне распада Советского Союза, в 2000 году, бассейн был ликвидирован, и эта православная церковь была наконец восстановлена на прежнем месте.

В саду со стороны Спасского собора стоит статуя, которую не всегда могут заметить туристы. Это памятник царю Александру II, начавшему свое правление освобождением крестьян, но жизнь его трагически оборвалась в результате убийства. Стоя около памятника, я уловил беспомощный взгляд царя и его приветствие, обращенное ко мне, и сердце мое сжалось.

Продолжая движение по прибрежной дороге перед Спасским собором, я вскоре увидел величественную кирпично-красную стену Кремля. Стена отделяет резиденцию царей, в которой они жили до тех пор, пока Петр Великий не перенес столицу в Петербург. В наше время Московский Кремль уже стал самым высоким административным зданием в России.

Кремлевская красная стена – это конец моей двухчасовой прогулки.

Стоя на берегу реки, я смотрел, как экскурсионный круизный лайнер медленно проходил мимо, и туристы, стоявшие на палубе на ветру, весело смеялись, и этот смех, как колокольчик, звенел по Москве-реке. Дойдя до конца красной стены, я свернул налево, и тут меня встретил сказочный красочный купол в форме луковицы. Это – Собор Василия

Блаженного, который был построен в 16 веке царем Иваном IV в ознаменование успешного завоевания Казанского ханства. Сегодня он один из самых ярких символов России.

В центре Красной площади расположены отель, Кремль, Мавзолей Ленина; Собор Василия Блаженного, Государственный универсальный магазин и Национальный исторический музей расположены в углу Красной площади. Освещена солнцем пятиконечная красная звезда на Спасской башне, зазвонил колокол, установленный на ней - всё это создавало спокойную и безмятежную атмосферу.

2. От Воробьевых гор до Новодевичьего кладбища

В начале зимы я полюбил гулять вечерами вдоль рукавов Москвы-реки по набережной от смотровой площадки на Воробьевых горах в сторону Арбата.

В начале зимы увядшие леса освещались яркими неоновыми огнями. Количество туристов, прогуливающихся и выгуливающих собак москвичей на набережной значительно сократилось. На мне было теплое пальто и перчатки, на голове – наушники, через которые я слушал передачу радиостанции «Эхо Москвы». В такой тихий зимний вечер бежать к замерзающей Москве-реке, чтобы попрактиковаться в слушании русского языка, вероятно, может только такой трудолюбивый студент, как я.

Однажды зимним днем я выскользнул из главного корпуса Московского университета и отправился на прогулку на север по набережной Москвы-реки. Я прошел вдоль реки Сетунь, которая была похожа на небольшую канаву, по дорожке шириной

около 1,5 метров, потом перешел на другую сторону реки по железнодорожному мосту у Третьего транспортного кольца Москвы.

Стоя на железнодорожном мосту и опираясь на перила, я смотрел на спокойную реку, окаймленную дымовыми трубами, из которых поднимался в небо белый дым. "Какая тихая и умиротворенная картина!" – подумал я.

После пересечения реки по железнодорожному мосту рядом с Третьим транспортным кольцом я оказался возле красной кирпичной стены, за которой располагалось самое известное кладбище в России — Новодевичье кладбище.

Я воспользовался тем, что хотя уже наступил зимний вечер, но солнце еще не погасло, и стал бродить туда-сюда по кладбищу в поисках могил писателей, поэтов и политических лидеров, имена которых я прочитывал на надгробных надписях.

Надгробие на могиле Чехова было похоже на высокую белую избушку, а на крыше стоят три маленькие башни. Надгробие первого президента Российской Федерации Ельцина – это развевающийся на ветру российский флаг, его движения переданы искусной резьбой по камню. Стиль, в котором выполнено надгробие советского лидера Хрущева, - постмодернизм. Вокруг головы - несколько черных и белых камней разного размера и неправильной формы.

На Новодевичьем кладбище царит торжественная, спокойная атмосфера. Вы гуляете по рядам надгробий, любуетесь надгробными скульптурами и бережно сохраняете в памяти свои чувства и мысли об этих выдающихся русских

людях, которые внесли свой вклад в развитие России.

3. От Красной площади до Тверской, Арбата, Лубянки

В суровую зиму с ее обильными снегами и крепкими морозами вода на улице часто замерзала, образуя глыбы льда на дороге. Если вы случайно наступите на такую глыбу, вы можете поскользнуться и упасть.

Гулять по Москве-реке в морозную московскую зиму - однозначно не лучшая идея. Однако я не хотел отказываться от привычки гулять в любое время года и поэтому решил сократить расстояние и изменить места для прогулок. Центром моих прогулок стал сад.

Также я решил гулять по местам, связанным с православным Рождеством, ведь праздник становился все ближе и ближе. Я прошел через Воскресенские ворота к Красной площади, которая была вся в разноцветных огнях и по которой гуляли толпы туристов, прошел мимо памятника маршалу Жукову на Манежной площади. Затем я купил чашку горячего латте Cofix и осторожно взял ее в руки, согревая ладони.

Дальше я пошел по Тверской улице с ее роскошными бутиками, а затем – к представительству Китайской Республики в Москве.

Повернув налево, я оказался у Александровского сада, затем на первом перекрестке повернул направо к Московской консерватории. В другой раз я повернул направо на втором перекрестке, пошел прямо и менее чем за полчаса оказался на

улице Арбат.

Повернув направо, можно идти по Охотному ряду мимо Государственной Думы России, величественного Большого театра и Детского универмага. Наконец, вы выйдете на Лубянскую площадь, вокруг вас будут радиальные дороги. Гигантская рождественская елка, увешанная гирляндой с подвесными светильниками, установленная на площади в честь праздника, ярко освещает весь квартал – это вызывает у меня волну детского возбуждения. Вероятно, это ликование возможно исключительно в зимнее время в этой северной стране.

4. Виртуальная петля в моем сердце

«5-я линия» Московского метрополитена - это кольцевая линия в городе. Эта коричневая линия метро соединяет главные точки всего города. У меня же есть своя собственная кольцевая линия МКАД – это три нити набережных. В этом виртуальном цикле есть бесцельные прогулки днем и разговоры с самим собой, есть и блуждания в одиночестве среди ночи. Когда я учился по обмену в МГУ, мне нравилось гулять по берегу реки и быть в состоянии опьянения от таких прогулок.

Эта виртуальная линия в форме петли осела глубоко в моем сердце, она, как кровеносный сосуд, наполнена живой, горячей кровью этого города, полного жизненной силы и вечного биения.

Михаил Чжэнь 詹竣翔

Сейчас я учусь в аспирантуре на географическом факультете. Я дважды побывал в Москве и Санкт-Петербурге в 2015 году, и мне очень понравились российские пейзажи, история и культура. Поэтому я старательно изучаю русский язык, чтобы еще побывать в России и пообщаться с русскими. Я верю, что «если вы хотите понять культурное наследие и исторические особенности страны, изучение языка напрямую — это самый быстрый способ».

О ВДНХ

Краткое введение о ВДНХ

Выставка достижений народного хозяйства (ВДНХ) была построена в 1939 году. Добираться до ВДНХ очень удобно, потому что есть станция метро, с таким же названием - «ВДНХ», рядом с музеем космонавтики и монорельсовой станцией «Выставочный центр». На ВДНХ есть несколько фонтанов и зданий, выставочных центров и множество экспонатов (особенно мне понравились самолеты).

Первое впечатление от ВДНХ

Когда я был первый раз в Москве и России, я плохо говорил по-русски, потому что я изучал русский язык только полгода. В большинстве случаев я плохо понимал, что люди говорили. Однако, кое-что я мог сказать и был очень рад, когда я успешно заказал картофель фри в Макдональдсе на ВДНХ. Моя поездка в Москву на ВДНХ была деловой, и мне нужно было оформить павильон в одном из выставочных центров и подготовить экспонаты нашей компании. После того как я всё сделал, я просто обошел ВДНХ и увидел, что там много специальных сооружений, например, триумфальная арка, статуи, фонтан, колесо обозрения, пиратский корабль. В то время я не знал, что историческое значение ВДНХ велико, я думал, что это просто обычный парк, но строения в нем какие-то странные. Придя на выставку, я увидел нечто особенное - вывеску компании. На выставке я видел много вывесок с надписью «ООО», но не понимал, что это значит. Поначалу мне казалось, что это просто три кружка. Я думал, что вывески еще недооформлены и потом к кружкам добавят нужные буквы. Однако и на следующий день я так же видел эти три кружка «ООО». Тогда я подошел к стоящим рядом стендам и взял несколько рекламных буклетов. Прочитав их, я наконец-то понял, что это не три кружка, а три буквы «О» и аббревиатура «ООО» означает «Общество с ограниченной ответственностью», что по-китайски значит «有限公司». После этого я стал обращать особое внимание на русские аббревиатуры. Приведу еще один пример - аббревиатуру «ОАО». Сначала она казалась мне значками-смайликами, но потом я узнал полное название – «Открытое Акционерное Общество». Предприятие «ОАО» чаще всего государственное, например,

ОАО «Российские железные дороги». Конечно, есть много типов предприятий, поэтому и аббревиатуры разные. Дорогие читатели! Если у вас появится шанс поехать путешествовать в Россию, обратите внимание на вывески, очень может быть, что вы тоже найдёте интересные аббревиатуры. Я был менеджером и представлял наш продукт в выставочном центре на английском языке. Но так как большинство людей не говорило по-английски, то наш переводчик переводил наши слова. Хотя клиенты ничего не заказали после посещения выставки, но мы многому научились. Конечно, общение с клиентом – это очень важно, но я подумал, что все-таки самое главное – это насладиться культурой другой страны и научиться понимать поведение клиентов из другой страны. Ведь иностранная культура может отражать уникальность страны.

Интересные воспоминания о ВДНХ

Есть две вещи, которые я запомнил больше всего: магазин сувениров и печеная кукуруза. В магазине сувениров продавалось много красивых матрёшек по разумной цене и шапки в русском стиле (стиль СССР). Я купил шапку. По сравнению с такими же шапками на улице Арбат, она была немного дороже, но качеством намного лучше. Матрёшки здесь были особенно изысканны, цвета использовались в русском стиле – их внешний облик был просто идеальным. А однажды моя мама захотела съесть печеную кукурузу на выставке. Я, конечно, помню, что я не купил ей её, потому что печеная кукуруза продавалась там по высокой цене (80 рублей)!

Когда я приеду на ВДНХ снова в следующий раз

Когда я писал этот текст, я обнаружил, что на ВДНХ есть много зданий в среднеазиатском стиле и самолеты СССР. Поэтому, если у меня будет время и возможность снова поехать на ВДНХ, я обязательно еще раз обойду этот парк. Кроме того, я нашёл несколько хороших ресторанов рядом с ВДНХ.

А вы, прочитав эту статью, захотели поехать на ВДНХ?

Владимир 江承頤

Я родился в Тайване, в Тайбэе. Окончил юридический факультет Национального тайваньского университета со степенью магистра права, специализируюсь в административном праве. Сейчас я юрист-стажёр. Начал изучать русский язык с первого курса университета. Помимо уроков Русский I-III, я также посещал занятия по письменной и разговорной речи.

Я начал изучать русский язык потому, что мне были интересны идеи Ленина и Троцкого, и я надеялся, что когда-нибудь смогу прочитать оригинальные тексты также в русском языке мне были интересны сложная грамматика и трудное произношение. Когда же я вошёл в мир русского языка, я обнаружил, что приобретаю гораздо больше. Хотя в наше время языковой барьер можно легко преодолеть с помощью машинного перевода, другая культура непостижима без знания иностранного языка. Это то, что я понял во время изучения русского языка.

Музей космонавтики

Для людей, которые интересуются космосом и великой историей освоения космоса человечеством, музей космонавтики определённо является тем местом, которое им обязательно нужно посетить.

Музей космонавтики представляет собой высокое здание, напоминающее ракету, запущенную в небо. До него легко

добраться от станции метро «Выставочный центр» или «ВДНХ», и билет очень дешёвый для музея с таким количеством и качеством экспонатов.

Содержание экспонатов Музея космонавтики фокусируется больше на освоении космоса, а не на самом космосе. В музее многие экспонаты опровергают распространенное заблуждение в том, что на протяжении всей истории США руководили освоением космоса, на самом деле, пионером во многих областях космонавитики был СССР - и это то, что делает этот музей особенным, поэтому его стоит посетить.

Коллекции музея включают космические скафандры, ракеты, спутники, планетоходы и даже капсулу, которую использовал Юрий Гагарин.

После того, как космическая гонка закончилась и началась эра сотрудничества, в коллекцию экспонатов был добавлен раздел, посвященный международному космическому сотрудничеству.

Сувениры, которые продаются в магазине музея, тоже очень интересные. Здесь можно купить космическую еду разных вкусов, хотя она несколько дорогая.

После посещения музея можно пройтись по ВДНХ – это отличное место для прогулок, здесь много красивых зданий, выполненных в архитектурных стилях разных республик СССР, также можно посетить и другие интересные выставки.

Юй Юань Ценг 曾毓媛

Магистрант факультета регионоведения Токийского университета. Специальность: советская литература, современная азербайджанская литература. Диссертация посвящена последним произведениям народного писателя Азербайджана Акрама Айлисли. В ней будут рассмотрены такие вопросы, как развитие литературных направлений «шестидесятников» и «деревенщиков» после распада СССР, литература и этнический конфликт и др. С 2020 г. начала работать над переводом произведений Акрама Айлисли на японский язык.

Книжные магазины в Москве

В достопримечательностях России можно увидеть разную Россию — Россию в ее природе, Россию в ее культуре, Россию в ее красоте. А вот почувствовать самым непосредственным образом Россию думающую возможно лишь в хороших книжных магазинах. Благодаря моему другу, мне удалось узнать о замечательных московских книжных магазинах, которые оказали на меня сильное впечатление и стали одними из моих самых любимых мест в Москве.

Первый из них — магазин «Фаланстер», сокровищница книг из области гуманитарных наук. Здесь разные книги приветствуют нас на пороге захватывающего мыслительного

путешествия – от сборников неувядаемой классики до новейшей литературы. Это место мысленных споров острых и молодых мыслителей и мудрецов прежних эпох.

Второй магазин называется «Циолковский». Он находится в мрачном, старом здании, куда входить немного страшно, но сам магазин похож на хаотичный, но интересный микрокосмос. «Циолковский» отличается изобилием книг разных жанров и направлений, например, здесь можно увидеть детскую литературу и книги по востоковедению. Но самое главное – это букинистическая секция, где спящие драгоценности – старые книги – ждут нашего изучения.

Кроме этих магазинов, мы, конечно, не можем пропустить такие сетевые магазины, как «Дом книги», «Лабиринт», «Библио-Глобус» и др., особенно когда речь идет о покупке обычных, а не академических книг. К.Э. Циолковский говорил: «Планета есть колыбель разума, но нельзя вечно жить в колыбели», но мне кажется, книжные магазины — это та «колыбель разума», где хочется оставаться вечно!

Николай У 吳連哲

Окончил исторический факультет и факультет международного бизнеса НТУ. Русский выбрал совсем случайно на первом курсе, но сразу же влюбился в Россию и Восточную Европу. Вначале русский мне казался невероятно сложным, но благодаря преподавательницам русского языка в НТУ - Светлане Зарецкой, Ирине Соколовой, Ольге Сологуб и Серафиме Цзун-Хуэй Сюн – потихоньку начал овладевать этим языком. Посещал летние курсы в Государственном институте русского языка им. А.С. Пушкина в Москве и учился по обмену в Санкт-Петербургском государственном экономическом университете.

Набережная канала Грибоедова

Грибоедова кан. наб. – когда я впервые увидел все эти сокращения, я понятия не имел, как они расшифровываются. Но набережная канала Грибоедова оказалась моей улицей в Санкт-Петербурге. Это улица, по которой я ходил сотни раз во время своего одиннадцатимесячного пребывания в северной столице России. Моё общежитие и университет, в который я ходил, расположены совсем рядом с одним из самых известных символов Питера – Банковским мостом, который соединяет берега канала Грибоедова. Когда я выходил за ворота, меня встречали Грифоны, защищающие небольшой пешеходный мост. В нынешнем главном здании Санкт-Петербургского

государственного экономического университета раньше находился Государственный ассигнационный банк Российской империи. Повернув направо, я минут за десять доходил до станции метро «Невский проспект». Возле перекрёстка с одной стороны Невского проспекта стоит Казанский собор, а с другой – Дом книги, крупнейший и самый красивый книжный магазин в городе. Дальше на севере можно увидеть Собор «Спас на Крови». На этом маленьком районе улицы сконцентрировались многие мои воспоминания: салон связи, в котором я купил свою первую сим-карту, номер которой до сих пор является моим логином Вконтакте; ночной клуб, в котором я первый раз услышал песню Егора Крида; Пироговый дворик, где мы наслаждались вкусными русскими пирожками с каждым, кто меня посещал в Питере, в том числе и с одногруппниками по русскому языку в НТУ, приплывшими из Швеции; кафе, в котором мы с русскими студентами отдыхали после того, как долго простояли в толпе, смотря шествие Бессмертного полка; Казанский собор, в котором я ночью спрятался среди прихожан на Пасхальном богослужении, и тротуар, на котором не знаю сколько раз поскользнулся зимой. В последний день я спешил с чемоданом на станцию метро, чтобы добраться до аэропорта вовремя, но меня остановил красный свет на перекрёстке. Я повернул голову и посмотрел ещё раз на набережную канала Грибоедова, полную моих воспоминаний. «Буду по ней скучать», – подумал я. И да, сейчас я по ней скучаю.

Памятник Чижику-Пыжику

В Санкт-Петербурге есть разнообразные памятники: памятник историческим фигурам, литературным героям, а также животным. Одной из таких нетипичных скульптур является памятник Чижику-Пыжику на набережной реки Фонтанки возле 1-го Инженерного моста. Фигурка птички была сооружена в 1994 году, мотивом для создания этой уличной скульптуры была шуточная песенка с тем же названием – «Чижик-Пыжик». Во время Российской империи в доме № 6 по набережной располагалось Императорское училище правоведения, студенты которого носили форму, напоминавшую оперение чижа.

Когда я первый раз узнал об этом интересном памятнике, я сразу заинтересовался им и захотел посмотреть. Я ходил к мосту, но не нашёл его. Оказывается, памятник небольшой, и надо было вытянуть шею, чтобы увидеть птичку. В конце концов мне показал его гид на одной из экскурсий. В городе существует поверье, похожее на поверье, связанное с памятником зайцу у Петропавловской крепости: принято кидать монетку на постамент, загадывая желание. Если мелочь останется на постаменте, на котором стоит Чижик-Пыжик, то желание обязательно сбудется. Мне, как всегда, не повезло, и все монетки были брошены зря.

В весеннем семестре я подружился с одногруппником из Германии. Его звали Вольфганг/Влад (да, у него было два имени, так как он русский немец). Его родители эмигрировали в

Германию после распада Советского Союза. Тогда в моей группе у большинства студентов было такое происхождение. Мы играли в видеоигры и в карты, а он научил меня играть даже в дурака. Накануне его возвращения домой я пришел к нему в общежитие подарил ему маленький сувенир и открытку, а в обмен получил от него миниатюру Чижика-Пыжика. К сожалению, нам не удалось поддерживать контакты в течение последующих лет, но этот чижик-пыжик всё время стоит на моём письменном столе под настольной лампой. Надеюсь, что у него всё хорошо и весело, как в песенке:

Чижик-пыжик, где ты был?

На Фонтанке водку пил.

Выпил рюмку, выпил две —

Зашумело в голове.

Аркадий Ли 李正哲

Ли Чэн Чэ

Получил степень бакалавра искусств по специальности «Драма и театр» в Национальном Университете Тайваня.

В 2012 году получил русское имя Аркадий, и в этот момент открыл новое окно в мир.

Был студентом по обмену в Московском государственном лингвистическом университете с сентября 2018 года по июнь 2019 года.

Поездка в Казань

Поездка-сюрприз

В новогодние каникулы мы с другом поехали на поезде в Казань на три дня. Это путешествие было довольно неожиданным, мы обсудили наши планы всего лишь за три часа до отправления поезда. Мотив нашей поездки был простым: мы хотели поехать в то место, которое было бы не слишком далеко от Москвы, чтобы сэкономить деньги. Кроме того, нам часто говорили, что в Казань обязательно стоит съездить. Но, честно говоря, мы не ждали многого от этой поездки. Однако, вопреки нашим ожиданиям, эта короткая поездка оказалась

невероятным сюрпризом для нас. Мы очень хорошо провели время в столице Татарстана!

Прогулка по Казани

Казань отличается от такого шумного города, как Москва. Народу в городе немного. Пешеходы не спешат, а спокойно ходят по улицам. Когда я гулял по Бауманской улице – казанскому Арбату, я чувствовал себя свободным и беспечным. В этом городе наблюдается широкое сочетание татарских и русских традиций: религиозных, национальных, технологических, – все они мирно соседствуют здесь друг с другом. Мы обошли весь город и посмотрели некоторые известные достопримечательности, например, Казанский кремль, Мечеть Кул-Шариф, башню Сююмбике, а также Богоявленский собор. Я не могу забыть неописуемую красоту Кремлевской набережной вечером.

Как я стал хоккейным фанатом

Когда я искал информацию о Казани, моё внимание привлёк видеоролик хоккейного клуба '"Ак Барс", этот клуб базируется в Казани. Мы с другом никогда не были хоккейными болельщиками, но мы всегда готовы попробовать что-нибудь новое и интересное. Мы обсудили это за несколько минут и сразу заказали два билета по интернету. Игра была великолепная! В течение всей игры мы внимательно наблюдали за шайбой, которая двигалась на большой скорости по льду.

Даже если нам были не совсем понятны хоккейные правила, все равно мы были безумно заражены возбужденной атмосферой

на ледовой арене.

"Давай-давай!" – одновременно и громко кричало огромное количество людей. Всех их охватил одинаковый азарт, независимо от того, откуда они, кто они по национальности, чем занимаются. В какой-то момент я почувствовал себя ближе к русским людям, а ведь такого ощущения у меня раньше не было. После этого матча хоккей стал нам очень нравиться. Мы даже купили себе шапку и шарф с эмблемой «Ак Барса».

Первое посещение русской бани

В принципе, наш план путешествия определялся совершенно спонтанно, но мысль о том, что я обязательно должен посетить русскую баню, уже давно приходила мне в голову. После хоккейного матча мы поехали на такси в баню. Мы надеялись, что в бане будет инструктор, который поможет нам правильно мыться и париться (как я видел в телепрограмме о путешествиях). Но, к сожалению, инструктора в бане не оказалось. Мы заплатили за полотенца, два веника и за четыре часа пребывания в бане. Естественно, мы старались копировать то поведение в бане, которое мы наблюдали на видеороликах в Ютубе, то есть один человек лежит в парилке на деревянной лавке, а другой человек сильно хлещет его веником по спине.

Последней процедурой должно было быть обливание ледяной водой из шайки. Мы оба боялись холодной воды, поэтому мы долго обсуждали в парилке, надо ли это делать, а если надо, то как. И пока мы это обсуждали (примерно полчаса), в парилке стало слишком жарко. Я не мог больше терпеть,

выбежал наружу и облил себя холодной водой. И когда ледяная вода начала струиться с головы по всему телу, я почувствовал, что моя душа полностью раскрепощается. Из-за сухого климата в России мы редко потеем. Однако жар выгнал всё вредное, что было накоплено в нашем организме. И нам так это понравилось, что мы еще четыре раза проделали все процедуры: сначала парились в жаркой парилке, а потом сразу охлаждались. Мы постепенно привыкли и испытали полное удовольствие от русской бани.

Через час мы почувствовали, что наши сердца больше не выдержат, и пошли одеваться. Когда мы оделись и вышли из бани, хозяин был очень удивлен и спросил нас, почему мы так быстро уходим. Ведь у нас оставалось еще два часа. Мы ответили, что нам уже хватило. Я пошутил: "Ведь мы же иностранные студенты, а не настоящие русские!". И тогда он вернул нам половину того, что мы заплатили. Какой добрый человек!

Побывай в Казани!

Вы знаете, я посоветовал бы всем друзьям совершить хотя бы раз поездку в Казань. Хотя этот город не так знаменит во всём мире, как Москва или Петербург, но мне кажется, что это то место, где люди реально могут расслабиться. Вот почему Казань является моим любимым городом в России. В Казани вы можете попробовать вкусную еду, которая гораздо дешевле, чем в Москве. И, по моему мнению, люди в Казани намного дружелюбнее и терпеливее, чем в других больших русских городах. Лично мне хочется съездить в Казань по крайней мере

еще три раза, поскольку мне интересно узнать, каков этот город весной, летом и осенью.

Эрик Вуан 王立宏

Я окончил факультет иностранных языков и литератур. Мои отношения с русским языком довольно случайны, но впоследствии интерес к русскому языку возрос и продолжает расти до сих пор. После окончания университета мне посчастливилось участвовать в программе обмена, организованной правительством, и я провел год в Москве. Во время моего пребывания там я почувствовал важность использования языка в реальной жизни. Я столкнулся со многими трудностями при решении простых вопросов просто из-за того, что плохо говорил по-русски. Но даже самый худший день в России стал самым приятным воспоминанием. Всякий раз, когда я думаю о моей жизни в России, я вспоминаю только самые приятные моменты, даже если это были какие-то неловкие случая. Я надеюсь, что этот небольшой рассказ о моей жизни в России может стать для вас толчком, мои дорогие читатели, для начала новой страницы в жизни. Эта страница трудная, но и веселая!

«Зеленый сникерс» в Ясной Поляне – путешествие по Туле

В этот день погода была хорошей. Анна, Катя, Люда и я встали рано. Мы поехали по кольцевой линии от станции «Парк культуры» до станции «Красногвардейской», а оттуда поехали в Тулу на автобусе.

На самом деле у нас не было плана, где побывать в Туле. Музеи меня уже не интересовали, потому что я уже был во

многих музеях. Другие же хотели посетить Тульский военно-исторический музей. К сожалению, это было во вторник, и музей был закрыт. Мы немного погуляли около соседней церкви, поели, а потом поехали в Ясную Поляну, где находится могила Толстого. Эта могила окружена большим садом, ухоженным, спокойным. В какой-то момент я подумал, что в этом саду никого нет, кроме нас четверых. Мы долго гуляли, и при этом нас кусало множество комаров. Когда мы добрались до могилы и осмотрели ее, я подумал, что она похожа на зеленый «сникерс», который скрылся в тихом уголке сада. Хотя я читал о том, что жизнь Льва Толстого была простой, я все же был удивлен, увидев такую скромную в сравнении со многими мемориальными парками в России могилу. Если говорить о Туле, то, думаю, это место обязательно должно стать туристической достопримечательностью, пока же Ясная Поляна сохраняет свой естественный исторический облик. Это место мало приспособлено для массового туризма.

Потом мы посетили кондитерскую, чтобы вместе выпить чаю. Это было место с расслабляющей атмосферой. Там продавали много традиционных русских сладостей, таких как пастила, печенье с различными джемами и пряники. Продавцы сказали, что они часто проводят уроки для детей по приготовлению печенья, но в тот день не было никаких уроков. Мы заказали вкусные пряники и травяной чай. Все мы знаем, что Тула довольно известна своими самоварами и пряниками, а сладкое варенье и орехи внутри пряников очень хорошо сочетаются с ароматным чаем. В большинстве российских ресторанов чай - всегда самый дешевый напиток. Вы всегда можете попросить добавить вам кипятка. Неважно, какой

сейчас сезон - морозная зима или жаркое, сухое лето, но чашка чая - это всегда экономичный выбор.

Кстати, в то время был чемпионат мира по футболу. Россия была хозяйкой этого чемпионата. Поэтому многие площади использовались для трансляции футбольных матчей в прямом эфире. Люди собирались на площади возле Кремля и болели за свою любимую команду. В этих местах всегда были маленькие киоски, где продавались хот-доги, вода и вкусные пряники. Мы купили все это, чтобы поделиться с нашими одногруппниками. Перед тем, как выехать из Тулы, мы сфотографировались на фоне памятников людей, которых мы совсем не знали. Потом мы все сели в поезд и по РЖД отправились в большой город Москву.

Иван Ляо 廖德融

Меня зовут Ляо Тэ-Жун. Я живу в Тайбэе. Мне хотелося бы поразмышлять о мире и о самом себе после того, как я больше узнал о том, как разные люди разных культур понимают мир и самих себя. Россия - неожиданная отправная точка для таких размышлений.

Три встречи в Калмыкии

Для меня Калмыкия давно была тайной, мифом. Большинство людей более-менее знают Монголию. Однако не всем известно, что в европейской части России есть маленькая республика под названием Республика Калмыкия, население которой – калмыки – генетически и исторически восходят к монголам. Калмыкия является единственной буддийской страной в Европе. Интересно, что её становление не было напрямую связано с Золотой Ордой хана Батыя. Предки калмыков – торгуты – в середине XVII века пришли из Западной Монголии на территорию между Доном и Волгой, основав здесь Калмыцкое ханство.

Меня уже давно привлекали калмыцкие степи. Мне всегда

было интересно, чем живет калмыцкий народ, однако из-за большого расстояния и отсутствия знакомых калмыков я долго не решался поехать туда. К счастью, мой сосед Кру, тоже из Тайваня, познакомился с профессором Дорджи, живущим в столице Калмыкии – Элисте. Однажды Кру спросил меня: «Не хочешь полететь со мной в Калмыкию?». Я сразу ответил: «Конечно, хочу!». Однако получилось так, что я путешествовал в одиночку, и во время путешествия у меня состоялось несколько неожиданных встреч.

Первая встреча – со сверстником

Накануне калмыцкого Нового года – Цаган сар – я попрощался со своими московскими друзьями и полетел в Элисту. Когда я подошел к выходу на посадку, я сразу почувствовал другую атмосферу. Впервые за полгода – с тех пор, как я приехал в Россию, – я почувствовал себя более приобщённым к людям, потому что у нас была похожая внешность, и мне казалось, что я совсем не выделялся из толпы.

Во время ожидания посадки я разговаривал по-китайски по телефону с семьей и меня услышал стоявший напротив молодой человек. Это была моя первая неожиданная встреча во время поездки. Молодого человека звали Наран. Он калмык, раньше учился в Санкт-Петербурге, а сейчас продолжал учёбу в Пекине. Его родители остались в Москве, а он возвращался в свой родной город, чтобы во время Нового года погостить у бабушки и дедушки. Когда я укладывал в самолете свой багаж, Наран поздоровался со мной. Оказалось, что он сидел прямо позади меня. Так как мы оба владели китайским языком, мы

быстро познакомились друг с другом.

На третий день моего пребывания в Калмыкии мы встретились с Нараном в кафе в центре города. Мы стали разговаривать о жизни в чужих городах, обмениваться друг с другом опытом жизни за границей. Я понял, что за годы обучения в Калмыкии, Санкт-Петербурге и Пекине Наран сформировал в себе несколько уровней самоидентичности. И он пришёл к выводу, что ему нужно было уехать из Калмыкии, чтобы выстроить свою карьеру. Ранее он ощущал себя непризнанным в городах первого уровня своей страны, но в Пекине, чужом для него городе, его приняли в ассоциацию студентов Центральной Азии и Монголии.

Посидев в кафе, мы пошли гулять по парку Дружбы. Во время прогулки Наран показывал мне один памятник за другим. Я же интересовался опытом его взросления на разных этапах жизни. Хотя я, изучив довольно глубоко историю Калмыкии, и видел, что Наран не очень хорошо знает историю своего народа, мне, тем не менее, было интересно беседовать со своим сверстником, жившим в разных уголках России и за рубежом, я пытался понять его чувства, настроения, оценки. Я хорошо помню, что перед тем, как мы попрощались, он спросил меня: «Как тебе природа Калмыкии?». И прежде чем я нашел что ответить, он проговорил: «Калмыкия – единственное азиатское место в Европе».

Вторая встреча – с профессором

Поставив перед собой цель в самом начале своего

путешествия встретиться и познакомиться в Калмыкии с преподавателем Дорджи, я, прежде чем отправиться в путь, постарался узнать о нем побольше, зайдя в интернет. Однако, когда я в аэропорту вошёл в зал прибытия, он первым узнал меня. Оказалось, что Дорджи всего на восемь лет старше меня. Он уже обзавёлся семьёй и преподает историю в Калмыцком государственном университете. Поскольку профессор около десяти лет назад был на Тайване – изучал там китайский язык, мы могли говорить также и по-китайски.

«Тэ Жун? Привет, привет! Поехали на моей машине!» – сказал он, пожимая мне руку. Я был весьма впечатлен его энтузиазмом, а также его русским языком с сильным калмыцким акцентом. Я был в Элисте около недели, и мы встретились с профессором три раза. В последний день он даже приехал на автовокзал, чтобы проводить меня. За это время я побывал с ним в студенческом общежитии их университета, также мы посетили местный ламаистский храм – хурулу Сякюсн-Сюме, построенную в пригороде после распада Советского Союза.

Монгольский ламаизм возник в XII веке, когда монголы распространились по всей Азии. В XVI веке, после заключения политического и религиозного союза Алтан-хана из Монгольского Тумэты и Далай-ламы III из тибетской Гелугпы, ламаизм стал у монголов ведущим религиозным учением. «Положи монету перед статуей Будды», – тихо сказал мне в хуруле Дорджи. А перед тем, как мы подошли к воротам хурулы, он быстро направился к находящимся на площади молитвенным барабанам «Кюрду». Также он показал мне место, где жил Далай-лама XIII, который дал имя этой хуруле. Этот дом

сохранился до настоящего момента, и Дорджи жил рядом с ним. Когда он рассказывал об этом, я видел в его глазах огромное почтение.

«Вы верите в ламаизм с детства?» – спросил я. – «Да, я следовал за своими родителями, бабушкой и дедушкой. Но раньше мы должны были скрывать свои религиозные убеждения». Как известно, это было связано с тем, что в России в то время господствовал атеизм. Но почему молодой человек Наран, о котором я рассказывал ранее, думает о вере иначе, несмотря на то, что для его дедушки ламаизм тоже был важен?

Третья встреча – с прозелитом

Ступа Просветления, хранилище буддийских реликвий, находится недалеко от Сити-Чесс – одного из современных микрорайонов города. После того, как я посетил небольшую хурулу рядом с этой ступой, я побывал и здесь. Я открыл дверь и увидел висящий в центре здания огромный молитвенный барабан. Впереди на столе было расположено Изображение тулку (живого Будды). С правой стороны – вымощенный пол для поклонения. Как раз в момент моего посещения один мужчина кланялся в землю. Мы познакомились. Его звали Женя. Ему было тридцать два года. Он занимался бизнесом в Москве и несколько месяцев назад вернулся в Элисту, чтобы открыть кинотеатр. Я подошел к нему после того, как он закончил земной поклон. Узнав, что я не знаю, как надо молиться, Женя начал учить меня. Он решил, что нам было суждено встретиться, и пригласил меня к себе домой на обед. Поскольку у меня уже была назначена встреча с Нараном, я ответил, что попозже свяжусь с ним.

Вечером я отправил ему эсэмэску, и он приехал ко мне. Он повозил меня по городу, показал столицу Калмыкии, которая была построена в низовьях Волги в XIX веке. Затем мы отправились к памятнику жертвам сталинских репрессий 1943–1957 гг. Перед памятником стоял вагон, в котором калмыков отправляли в Сибирь. Этот памятник находился не в центре города, поэтому вечером всё выглядело пустынным и темным. Я знал эту часть истории калмыков, как они пострадали от репрессий до и после Второй мировой войны, но я не видел, чтобы это место отмечали в статьях для туристов в интернете.

Во время нашей поездки мы разговорились. «Изначально калмыки назывались торгутами. Они прибыли в низовья Волги и основали свое ханство в 1630 году», – рассказывал Женя. «Да, только в 1771 году Убаши-хан увёл часть своего народа в сегодняшний Синьцзян Китая. Что ты думаешь об этом?» – спросил я. «Я знаю, что в Китае считают, что он герой, потому что он привел калмыков на восток. Но я считаю, что калмыки, численность которых уменьшилось из-за того, что Убаши-Хан увёл часть нашего народа, возможно, могли бы стать немного сильнее», – ответил Женя. – «Вам не кажется, что калмыки отличаются от русских?» – снова спросил я. – «Вы знаете, многие, как и я, сейчас говорят только по-русски, поэтому наш образ мышления уже русский». Подумав некоторое время, он продолжил: «Вы знаете, что такое калмыцкий характер? Это особый энтузиазм, иногда просто шквальный».

Потом Женя показал мне на своем мобильном телефоне фотографии – эпизоды из своей жизни, а также фотографии ламаистских будд. Он сказал, что после того, как несколько лет

當代英雄 從台灣出發──台大學生的俄羅斯與後蘇聯行旅

назад он расстался со своей девушкой, он стал интересоваться буддизмом и внимательно читать буддийские писания, надеясь исправить свой характер. Сейчас он уже не пил и не курил. Потом он повел меня в калмыцкий вечерний ресторан, бар, караоке, чтобы я познакомился с ночной жизнью калмыцкой столицы. Было уже около 12 часов ночи. Наконец, он решил довезти меня до порога своего дома и позвонил своей дочери, чтобы она поздоровалась с ним и со мной через окно, – в этот момент я вживую столкнулся с национальными калмыцкими традициями.

Окончание поездки в Калмыкии

Перед отъездом в Астрахань я еще раз сходил в современный духовный центр калмыков – Золотую обитель – и просидел там час в полном покое и умиротворении. Я вспомнил, что утром в калмыцкий Новый год (Цаган сар) я сидел в том же месте и принимал участие в калмыцком новогоднем Пудже (религиозный обряд в буддизме). В то время обитель была заполнена людьми, как молодыми, так и старыми, и все они слушали пение лам. После окончания службы я пошел в центр города на площадь Ленина. Там все были радостные, пели, ели и праздновали Новый год. В это время настоятель Золотой обители, исламский имам, православный епископ по очереди дарили жителям благословение.

Этот город произвел на меня огромное впечатление, особенно впечатлило чувство терпимости, которым обладали его жители и которое формировалось веками на протяжении всей истории калмыков, из поколения в поколение.

Борис Лю　劉柏賢

Меня зовут Бо. Я окончил бакалавриат на социологическом факультете в Национальном Тайваньском университете и магистратуру по специальности «Международные отношения» в НИУ ВШЭ. Меня с детства интересует Россия, которая занимает наибольшую часть на карте мира. Надеясь когда-нибудь побывать на этой земле, я начал изучать русский язык на втором курсе университета. Потом решил учиться в магистратуре в России. Я жил в России около 3-х лет и часто вспоминаю свои дни, проведенные на северной земле. Люблю русскую осень и смотреть на виды России из окна поезда.

Куруш Поднебесный

О Куруше, селе в Южном Дагестане, я узнал из немецкой телепрограммы, рассказывающей о том, как жители этого села регулярно поднимаются на гору Шалбуздаг. Такое паломничество в горы из села, расположенного на высоте 2600 метров над уровнем моря, к одной из самых главных мусульманских святынь Кавказа сразу заинтриговало меня. По слухам, там, на горе, был похоронен праведник Сулейман, приравниваемый библейскому царю Соломону.

Куруш – самый высокогорный населённый пункт на Кавказе, да и во всей Европе, именно оттуда начинается юг России. Увиденная мной в документальном фильме красота села Куруш и горы Шалбуздаг захватила мой дух, а чувство авантюризма сразу возбудило во мне желание совершить свое собственное «паломничество».

Добраться до самого южного в России селения нелегко. Оно находится в пограничной зоне, в 5 километрах от границы с Азербайджаном. Следовательно, для посещения села надо было оформить пограничный пропуск на погранзаставе в селе Ахты.

Пограничники с заставы Ахты сообщили мне, что иностранцы могут получить пропуск не ранее, чем через месяц... Что ж, я вышел с территории погранзаставы разочарованным. И в этот самый момент открылась дверь КПП, и из него вышел пограничник. Он сказал: «Мы сейчас выпишем вам пропуск». Чудесная российская бюрократия чудесна тем, что, в отличие от большинства других бюрократий мира, подвластна Воле Провидения...

Я отправился в Куруш из села Усухчай. В Куруш маршрутки не ходят, поэтому надо было искать попутку, которая могла бы подвезти меня до места назначения. Попутки до Куруша я не нашёл, зато нашёл попутку до села Микрах, что по пути в Куруш. Я сел в видавшую виды машину и через 20 минут приехал в Микрах. В Микрахе я опять-таки ничего не нашёл, поэтому дальше пошёл пешком.

Я шёл вверх по склону горы совсем один. Дорога, казалось, тянулась до края земли. Ни машин, ни людей – только

равнодушно плывущие облака. В тишине звук моих шагов казался особенно четким. И вот, огромная и суровая, чем-то похожая на Ноев ковчег, показалась гора Ерыдаг. Невольно в каждый мой шаг, приближавший меня к горе, закрадывалось благоговение, будто я приближался не к горе, а подходил к земле обетованной...

Так я почти дошел до села Текипиркент. И это было последнее село на пути в Куруш...

Неожиданно рядом со мной остановилась машина. Из неё вышел водитель и стал закреплять поклажу в кузове своей машины. Я решил попытать счастья, подошел к водителю и спросил, не смог бы он подвезти меня до Куруша. Однако, уже задавая вопрос, я с сожалением отметил, что в кабине сидела вся его семья и места для меня там не было.

Машина отъехала. Ну, подумал я, дойду сам! Однако всего через несколько секунд машина опять остановилась. Из передней двери машины вылез парень, открыл заднюю дверь и снова влез в машину. Водитель помахал мне рукой и крикнул: «Поехали!»

Через 30 минут мы добрались до Куруша.

Гора Ерыдаг нависала над селом, словно великан. Склоны горы были кое-где присыпаны блестевшим на солнце снегом.

Куруш располагался на склоне, поэтому в селе не было ни одного кусочка горизонтальной поверхности, что, естественно, относилось также и к дорогам. Тропинки извивались меж домиков вверх и вниз. Везде чувствовался запах соломы и

животных.

Местные жители производили впечатление людей простых и скромных, я видел их неустанно трудившимися в своем доме либо пасущими коров. Мужчины, как и почти все горцы, были с густыми бородами. На вид они крепкие и мощные, как и положено быть гордым воинам. Женщины – привлекательны, в традиционной одежде и тюрбанах. Я вглядывался в эти замечательные лица, и они тоже с любопытством смотрели на меня, словно я был экзотической пандой, которая совершала переход из Китая в Африку, сбилась с пути и чудом забрела на Кавказ.

Жизнь в Куруше не производила впечатления легкой. Люди живут животноводством. В дело идет все: молоко, мясо, шерсть и даже кизяк, который служит им в качестве топлива. Зимы здесь суровые и длинные. Местный климат не позволяет заниматься земледелием, практически единственное, что можно здесь выращивать летом, – картошка.

В селе нет гостиниц, впрочем, я на это и не надеялся. Привезший меня мужчина пригласил меня к себе переночевать. Звали его Эфенди. Он лезгин, родился и вырос в Куруше, затем переехал работать в другое селение, но всё равно часто бывает в Куруше.

Семья Эфенди отнеслась ко мне с искренним радушием. По московским меркам, жилье здесь, как и в других высокогорных домах в Дагестане, конечно, не такое удобное. Но и люди здесь другие. Они добрые и гостеприимные и заботились обо мне, как о своём, я всегда был напоен и хорошо накормлен. И в Дагестане

это совершенно обычное дело.

На последний ужин мне подали традиционное дагестанское блюдо – хинкал по-лезгински. Хинкал не следует путать с грузинским хинкали, подаваемым во всех чайханах Москвы. Дагестанский хинкал представляет собой блюдо из вареных в мясном бульоне кусочков теста с чесночным соусом и вареной бараниной или говядиной.

После ужина мы вышли из дома. Я поднял голову и оторопел, увидев над собой звездное небо. Бездна, полная миллионов звёзд, мерцала и будто нашёптывала что-то. Было непонятно, то ли я смотрю в эту бездну, то ли бездна рассматривает меня. Млечный Путь, перетекая с одной стороны неба на другую, ясно обозначил траекторию своего движения. Я никогда не видел ничего подобного!

На следующий день я поднялся на гору рядом с селом. Дул безумно сильный ветер, и было очень холодно. Этот ветер и не дал мне подняться туда, куда хотелось. Я остановился у груды больших камней, брошенных за ненадобностью проходившим здесь когда-то великаном, и лег на землю, спрятавшись от ветра. Горы Ерыдаг, Базардюзю и Багдан стояли прямо передо мной. Гора Шалбуздаг, где похоронен праведник Сулейман, стояла за ними, как символ конца пути. Все они, будто кавказскими папахами, были накрыты слоем снега.

Откуда-то взявшийся табун лошадей вдруг пронесся прямо передо мной и бесследно исчез. Мне показалось, что кони, перебираясь с одной половинки неба на другую, случайно ошиблись маршрутом и заскочили на гору.

И в этот момент у меня в сердце эхом отозвались стихи М.Ю. Лермонтова:

Хотя я судьбой на заре моих дней,

О южные горы, отторгнут от вас,

Чтобы вечно их помнить, там надо быть раз:

Как сладкую песню отчизны моей,

Люблю я Кавказ.

Юй Юань Ценг 曾毓媛

Магистрант факультета регионоведения Токийского университета. Специальность: советская литература, современная азербайджанская литература. Диссертация посвящена последним произведениям народного писателя Азербайджана Акрама Айлисли. В ней будут рассмотрены такие вопросы, как развитие литературных направлений «шестидесятников» и «деревенщиков» после распада СССР, литература и этнический конфликт и др. С 2020 г. начала работать над переводом произведений Акрама Айлисли на японский язык.

«Тайказская пленница», или путевые заметки о Кавказе

Моя поездка на Кавказ случилась совсем случайно, но это путешествие в очередной раз подтвердило мысль о том, что самые лучшие встречи в жизни всегда неожиданные. Я давно мечтала о поездке в Астану (теперешний Нур-султан), но билеты туда оказались слишком дорогими. Разочарованная, я стала выбирать место для путешествия по принципу доступности билета. Наилучшим вариантом оказался Баку, и я, тогда совсем ничего не знающая о Кавказе, легкомысленно подумала: «Раз я еду в Азербайджан, то почему бы мне не посетить еще Грузию и Армению?». Вот так началось мое путешествие по Кавказу.

Баку — город ярких огней

Интересно, что Баку очаровал меня с первого взгляда и до сих пор остается моим любимым городом на Кавказе несмотря на то, что в других городах было больше незабываемых случаев.

Приморский бульвар рядом с Каспийском морем, сливающимся с небом, создавал широкую панораму, и это вызывало, с одной стороны, острые ощущения, а с другой – покой и умиротворение. Ночной Баку в сиянии «огней» Пламенных башен был прямо как столица незаходящего солнца.

Азиатов в Баку было на удивление мало. На улице приветливые бакинцы просили меня сниматься на память вместе с ними, завязывали беседу и спрашивали о впечатлениях о Баку. Один даже предупредил, что нельзя верить таксистам, и дал мне на всякий случай номер своего телефона.

Под влиянием азербайджанского языка, который похож на турецкий, бакинцы говорят по-русски немного растягивая гласные. Возможно, поэтому произношение бакинцев так приятно и вразумительно, хотя я обожаю любой кавказский акцент.

Кавказская кухня известна всему миру, и азербайджанская, конечно, не исключение. Я попробовала традиционные блюда в современном модном ресторане, но все-таки чего-то не хватало, и поэтому я посетила еще одно не очень чистое местечко, где можно было попробовать простые домашние блюда. Этот визит таил в себе сюрпризы не только для хозяев ресторанчика, но и для меня самой. Я не ожидала, что там не будет никого, кто бы свободно владел русским языком, а они испугались внезапного

появления какой-то азиатки. Но они сразу стали проявлять свое кавказское гостеприимство, даже угостили меня окрошкой, пока повар готовил лаваш. Мы общались с трудом, но при этом и с радостью. Окрошка оказалась очень кислой и сильно пахла укропом. Лаваши с бараниной были приготовлены прекрасно, но мне было очень трудно привыкнуть к специфическому запаху, исходящему от мяса.

Из Баку в Тбилиси я летела на самолете. Бакинский аэропорт – один из самых роскошных аэропортов, в которых я была. Забавно и страшно вспоминать, как я перепутала терминалы и буквально металась по этому шедевру архитектуры. В самолете было очень уютно, к тому же дополнительное расслабляющее воздействие оказало азербайджанское пиво. Тогда я не знала, что, точнее, кто ждет меня в Тбилиси...

Тбилиси — город доброты

В Тбилиси я встретилась с Георгием. Он был хозяином моего гостевого дома, и я перед тем, как приехать, попросила его встретить меня в аэропорту. В момент встречи он произвел на меня необыкновенное впечатление. Потом я поняла, что он добрый человек, но при первой встрече его густые усы, крепкое тело и глубокие (даже страшные!) взгляды немного испугали меня. Пока я меняла деньги на грузинские лари, он, похоже, не очень довольный, ждал меня. Однако по пути в гостевой дом мы легко нашли общий язык, особенно сблизила нас тема вина. Как только мы доехали до места, сразу сели за стол. К нам еще присоединились гости - супружеская чета из Москвы - и жена хозяина Нина. Нина принесла нам свежие, вкусные

огурцы, помидоры, сыр и хлеб. Георгий сразу предложил немного выпить, причем не просто выпить – он предложил пить из его коллекции старинных рогов. Мы пили только что приготовленный самогон и чачу (грузинскую водку) – все это Георгий сделал сам. Меня просто поразили грузинские угощения, грузинское гостеприимство. Мы разговаривали обо всем: Георгий рассказал о Тбилиси и историю своей жизни до того, как он решил уволиться с работы и заняться гостиничным делом. Наши друзья-москвичи удивили всех своим рассказом о том, как они самостоятельно, только посмотрев ролики в Ютубе, за неделю освоили серфинг. Георгий упомянул в разговоре фильм «Мимино», и теперь этот фильм стал одним из моих любимых советских фильмов, и мне часто хочется его пересмотреть, особенно когда я скучаю по Грузии.

Первая ночь в Тбилиси, начавшаяся так неожиданно грузинским застольем, закончилась головокружением. Я вообще-то не бездонная бочка, но оказалось, что все-таки способна много выпить. Тем более, рядом были грузины, которые пили вино как воду. Худо-бедно, на второй день после похмелья я пришла в себя, но желание усилить оздоровительный эффект привело меня к еще более интересному приключению.

В Грузии принято лечить похмелье только одним способом — купанием в горячих источниках. Я решила пойти в Абанотубани — район, известный тбилисскими банями с их старинными куполами. Я выбрала самое дешевое место и вошла в ванную комнату. В ней была лишь одна ванна с незакрывающимся краном и, к моему удивлению, турецкий унитаз. В комнате сильно и неприятно пахло сероводородом,

как будто здесь испортилось огромное количество яиц. В ванной я обнаружила, что пройдя длинный путь, я натёрла большую мозоль. Как теперь ложиться в ванну? В конце концов я смогла в нее забраться и лежала, постоянно приподнимая ногу. Однако, несмотря на это неудобство, натуральный источник скоро снял всю мою усталость.

В последний день Георгий неожиданно предложил довезти меня до вокзала. В машине он попросил меня написать свое имя на бумажке на китайском языке. Сказал, что на память. Все-таки самое лучшее в Грузии — это ее люди!

Ереван — колыбель цивилизации

В Ереван я поехала на поезде. Первая в моей жизни поездка на международном ночном поезде оказалась совсем неплохой. Как только я вошла в вагон, сразу услышала мистический, будто из глубокой древности, армянский язык. Поразил туалет в этом поезде – он был просто дырой в полу, и можно было видеть, над чем мы едем. Бабушка-армянка раздала всем полотенца и простыни (между ними почти не было разницы!). В вагоне было уютнее, чем я ожидала.

Когда я проснулась утром, я увидела прекрасный вид. Это было незабываемо! За окном – сияние, поле, Арарат! Арарат со всей своей сокрушающей силой показал мне, что такое святость, и можно было представить всю его историю – от древнейшей цивилизации до современных конфликтов. Как атеист, я всегда скептически относилась к мифам и религиозным верованиям, но Арарат с легкостью победил мои прежние воззрения и вызвал

во мне глубокое и робкое уважение.

В Ереване я побывала в Эчмиадзине – месте, где хранятся частичка креста, на котором был распят Христос, и фрагмент Ноева Ковчега. Еще я познакомилась с милыми бабушками и таксистом-чудаком, но самое незабываемое произошло в день отъезда.

Я поздно обнаружила, что обратный самолет отправляется не из Еревана, а из Гюмри. Поэтому я поехала на такси, чтобы успеть на самолет. В пути природа Кавказа – высокие горы и глубокие, безграничные долины – опять потрясла меня. Я была так рада этой случайной поездке, так как наконец-то могла ощутить чувство, похожее на то вдохновение, которое побуждало русских поэтов написать произведения, ставшие шедеврами мировой литературы.

В аэропорту меня допрашивали, сильно ругали и пугали в отделе паспортного контроля, потому что в моем паспорте был штамп Азербайджана. Я давно знала о конфликте между этими странами и была готова к такой ситуации, но все-таки первый раз в реальности ощутила, что такая сильная ненависть двух народов действительно существует. В конце концов меня пропустили. Путешествие было закончено, но этот случай почему-то так сильно подействовал на меня, что я занялась исследованием проблемы национальных отношений на Кавказе.

Если бы не было путешествия по Кавказу, я никогда не узнала бы об этом замечательном месте и не стала бы заниматься, кроме русской литературы, литературой народов Кавказа. Благодарю всех, кого я встретила на Кавказе, а также благодарю судьбу за то, что свела меня с Кавказом.

Владимир Чин 金威澄

Меня зовут Владимир. Я изучаю русский язык с 2018 года. Я очень интересуюсь историей и культурой Северной Азии и Центральной Азии. Также я хотел путешествовать по России, поэтому я стал изучать русский язык в Национальном университете Тайваня.

Зимнее путешествие по Крыму

Зимой 2020 года, когда в моей далекой родной стране проходили пятнадцатые президентские выборы, я вылетел на небольшом самолете из Москвы в Сочи, а затем сел в спальный вагон поезда, направлявшегося из Сочи в Краснодар. По прибытии в Краснодар я «забросил себя» в полуразрушенный автобус и отправился в Тамань, которую Лермонтов в «Герое нашего времени» описывал как «худший город среди всех приморских городов России». Я погулял по Тамани три дня, потом сел в BlaBlaCar и пересек «Крымский мост», чтобы оказаться в Крыму.

Из героического города Керчь на юге я перебрался в

Феодосию, родной город художника Айвазовского, прошелся по тихому и странному Судаку и, наконец, приехал в Ялту.

1. Впечатления от Ялты

Последние лучи заходящего солнца почти поглотили темное небо. Когда последний луч света погрузился в глубокое Черное море, троллейбус, на котором я ехал, спускался по извилистой горной дороге, медленно приближаясь к Ялте.

Когда машина проезжала мимо «Массандровской винодельни» на склоне горы, я прижался лбом к холодному окну и смотрел на тысячи огней, вырывавшихся из-под земли. Сердце сжалось от ностальгии.

В ночной Ялте на набережной уличные артисты энергично танцевали с факелами под громкую танцевальную музыку и исполняли различные трюки на глазах у шумной публики. Под большим деревом – реалистичная скульптура «Дама с собачкой», выполненная по известному рассказу Чехова. Глядя на силуэт мужчины, женщины и собаки, я не мог не подумать о прошлом.

В полумраке, по длинной набережной, разделенной акваторией, пролетело несколько чаек с оранжевыми огоньками, неся с собой след романтики и одиночества. Бурные волны накатывали издалека и бились о каменно-кирпичный берег. Черное море доставало и меня своими длинными влажными пальцами-волнами.

На следующее утро я добрался до Ливадийского дворца, прогулялся по красивой прибрежной аллее, а потом свернул

к пышной зеленой горной аллее. Хотя зима – это не время для туризма в Ялте, но поскольку это юг России, здесь все же было солнечно и зелено.

С 4 по 11 февраля 1945 года три страны - США, Великобритания и Советский Союз - провели встречу в Ялте на Крымском полуострове, чтобы определить мировой порядок после Второй мировой войны. Соединенные Штаты и Великобритания организовали тайную встречу, чтобы побудить Советский Союз объявить войну Японии. На этой встрече три страны достигли договоренности. В этом соглашении интересы нашей страны были принесены в жертву.

Место встречи – Ливадийский дворец в Ялте – изначально был летней резиденцией царя Николая II. Позже, во время Ялтинской встречи, здесь жил президент Рузвельт. «Большая тройка» провела Ялтинскую встречу также и за пределами этой резиденции, где было подписано Ялтинское секретное соглашение.

После Ялтинской конференции и подписания Советско-китайского договора о дружбе, нам ничего не оставалось, кроме как смириться с потерей власти и унижением страны. Хотя наша страна была очень недовольна, но ситуация оказалась сильнее людей...

Конечной точкой экскурсии была комната с длинным столом, куда Рузвельт лично пригласил Черчилля и Сталина на завтрак в честь завершения Ялтинской встречи. Позавтракав, все трое подписали «Тайный договор Ялты», а затем встали и пошли в атриум, чтобы сделать групповое фото. Их совместная

фотография – фотография «большой тройки» - стала известной на весь мир и была размещена в учебниках истории разных стран.

К вечеру я вернулся на прибрежную дорогу рядом с городом Ялта и, следуя рекомендациям путеводителя, сел на городскую канатную дорогу, чтобы подняться на вершину холма, расположенного неподалеку.

Кабинки были собраны из нескольких кусков ржавых железных пластин и могли вместить только двух человек. Сиденья представляли собой складные железные стулья, и если, сидя на них, наклониться вперед, то можно было упасть. Основная часть канатной дороги также крайне ветхая и грубая. Переднее и заднее окна сделаны из двух прозрачных пластиковых пластин под стекло. Если замок случайно сдвинется, то дверца откроется и перед твоим взором откроется перспектива в виде бездны внизу.

По мере того, как высота постепенно увеличивалась, поле зрения постепенно расширялось. Оранжевый закат, как драпировка струящегося золота, окрашивал далекое Черное море. Ярко-красное сияние неба выделялось на фоне унылого темно-синего неба. Постепенно стали светиться дома, тянущиеся от холма до города. Я удалялся все дальше и дальше от земли, и небо постепенно превращалось из тусклого в тёмное.

2. Между горой и морем

Кафе «Кусто» на вершине горы было уже закрыто. Я стоял на

пустой деревянной смотровой площадке, держась за влажные деревянные перила, и смотрел на мигающие огни.

Вдалеке на Черном море дул соленый ветер. Ветер был смешан с мелким песком. Я протер глаза и стал всматриваться в густую темноту ночи.

Я навсегда запомнил эти ощущения. В день, когда мне исполнилось двадцать три года, я стоял на горе. Глядя на прекрасную ночную панораму Ялты, я чувствовал себя открытым для всего этого прекрасного мира и ни о чем не беспокоился. Я навсегда запомню это мгновение.

Владимир 江承頤

Я родился в Тайване, в Тайбэе. Окончил юридический факультет Национального тайваньского университета со степенью магистра права, специализируюсь в административном праве. Сейчас я юрист-стажёр. Начал изучать русский язык с первого курса университета. Помимо уроков Русский I-III, я также посещал занятия по письменной и разговорной речи.

Я начал изучать русский язык потому, что мне были интересны идеи Ленина и Троцкого, и я надеялся, что когда-нибудь смогу прочитать оригинальные тексты также в русском языке мне были интересны сложная грамматика и трудное произношение. Когда же я вошёл в мир русского языка, я обнаружил, что приобретаю гораздо больше. Хотя в наше время языковой барьер можно легко преодолеть с помощью машинного перевода, другая культура непостижима без знания иностранного языка. Это то, что я понял во время изучения русского языка.

Киев. На распутье

Киев был столицей Киевской Руси, столицей Украинской ССР, а теперь это столица Украины. Несмотря на то, что русские и украинцы имеют общее славянское происхождение, отношения между этими двумя народами чрезвычайно сложные.

Я захотел побывать в Киеве, чтобы узнать, какова разница

между русскими и украинцами, между Киевом и Москвой – столицами двух республик, входивших в состав одного государства – СССР, и в чем причина возникновения трещины в их отношениях. Кроме того, я хотел посетить Чернобыль. Многие боятся этого места, потому что там в 1986 году произошла ядерная катастрофа. Однако немногие знают, что на самом деле произошло той ночью. Я надеялся понять эту трагедию, взглянуть на советскую жизнь и осмотреть заброшенный город Припять, в котором жили почти 50 000 человек.

Я прибыл в Киев на самолете. Прямых рейсов из Тайбэя в Киев нет, поэтому у меня была пересадка в Стамбуле. Это был 13-часовой перелёт из Тайбэя в Стамбул, затем 2-часовой перелёт из Стамбула в Киев.

С точки зрения географического положения, Киев – европейский город. Но я бы сказал, что Киев ближе к городам советского типа (только он без памятника Ленину), чем к западноевропейским городам. Несмотря на то, что прошло уже 28 лет после обретения страной независимости, а также несмотря на недавние активно демонстрируемые Украиной амбиции по поводу ее стремления избавиться от советского / российского влияния, атмосфера советского государства здесь все еще сохраняется. Например, школы и аптеки имеют номера, в кассах и музеях работают бабушки, в городе ходят маршрутки, станции метро изысканно украшены – все это воспринимается как яркие приметы Советского Союза. Я с удивлением обнаружил, что в Украине очень мало азиатов. За время моего 13-дневного пребывания в Киеве я встретил менее десятка человек азиатского происхождения.

Что касается языка, то я боялся, что моя русская речь может быть воспринята как враждебный акт из-за политической напряженности в отношениях между Украиной и Россией и продолжающейся войны на востоке Украины. Однако на самом деле русский язык в Киеве широко распространен. Гуляя по улицам, я слышал русскую речь даже чаще, чем украинскую. Выяснилось, что никаких проблем с русским нет, по крайней мере, в Киеве. Украинский язык очень похож на русский. В большинстве случаев была понятна большая часть письменного текста и что-то (но не всё!) – при разговоре. При этом я обратил внимание на то, что некоторые украинские слова существенно отличаются от русских слов того же плана. Например, в украинском языке сохраняются древние славянские названия месяцев, а русские переняли латинские названия месяцев. Так, по-русски третий месяц года – это «март», а по-украински – это «березень». Интересная разница, которую я обнаружил, заключалась в том, что по-украински час – «година». Это слово часто употребляют в сокращенном виде как «год», что идентично русскому «год».

Украина и Россия имеют похожую культуру. Православная вера является доминирующей религией в обеих странах, и православные храмы в этих странах встречаются очень часто. Столовая является распространенной формой предприятий общественного питания, а на улицах часто продают квас. Советский стиль также сохраняется в секторе транспорта. Метро Киева и Москвы выглядят совершенно одинаково. По городским улицам продолжают ездить автобусы, троллейбусы, трамваи и маршрутки. Самое интересное – это поездка на маршрутке. Маршрутки в Киеве могут варьироваться от минивэнов до более крупных транспортных средств, например, автобусов. Мы можем сесть в них почти в любом месте города. А процедура передачи платы за проезд, часто сопровождающаяся ссорами и криками, исключительно интересна.

Самым интересным местом, которое я посетил в Украине, был маленький город Припять – этот район более известен как Чернобыль. 26 апреля 1986 года на Чернобыльской АЭС выпало большое количество радиоактивных осадков. Большая территория стала непригодной для проживания. Близлежащие города были заброшены, в их числе и Припять – город, где раньше жили рабочие АЭС. Припять была в спешке эвакуирована, но, несмотря на хаос, воцарившийся после установления независимости Украины в 1991 году, когда многое было разграблено, большая часть города осталась неизменной – такой, какой она была в 1986 году. И это дает возможность познакомиться с советской жизнью, приметами того времени, включая пропаганду государства и атмосферу холодной войны. Действительно, было очень интересно «вернуться назад, в прошлое время». Кроме посещения Припяти, я совершил экскурсию по Чернобыльской АЭС, в ходе которой нам подробно рассказали об электростанции и о катастрофе. Некоторые районы по-прежнему остаются опасными – дозы облучения достигают здесь 500 мкЗв / час, поэтому туристы обязаны соблюдать строгие правила безопасности на протяжении всего тура.

Наконец, отношения между Украиной и Россией – самая

сложная проблема в Украине. Управляемая в разное время могущественными империями и находящаяся на переднем крае борьбы враждебных партий, Украина чем-то похожа на Польшу. После распада Киевской Руси Украиной правили Австро-Венгрия, Россия и Советский Союз. В период правления Сталина на Украине произошел массовый голод. И во второй мировой войне Украина, играя заметную роль в защите Советского Союза, понесла большие потери. Наконец она получила независимость после распада СССР в 1991 г. На протяжении последних лет народ Украины стремился укрепить свою независимость, что было обусловлено, помимо всего прочего, и желанием страны стать членом ЕС – это, вероятно, воспринимается Россией как угроза.

В те 13 дней, когда я был в Киеве, я смотрел телевизионные программы, посвященные истории Киевской Руси, посещал выставки в музеях, которые восхваляют проевропейскую революцию 2014 года, видел рекламу в аэропорту, которая обвиняет Путина и Россию в агрессивных действиях против Украины. Похоже, что правительство прилагает большие усилия по пропаганде украинского национализма, однако реакция украинцев на националистические лозунги на востоке и западе Украины часто кардинально различается, поэтому проблема выбора «за Россию или за Европу?» будет решаться Украиной ещё много десятилетий.

Николай У 吳連哲

Окончил исторический факультет и факультет международного бизнеса НТУ. Русский выбрал совсем случайно на первом курсе, но сразу же влюбился в Россию и Восточную Европу. Вначале русский мне казался невероятно сложным, но благодаря преподавательницам русского языка в НТУ - Светлане Зарецкой, Ирине Соколовой, Ольге Сологуб и Серафиме Цзун-Хуэй Сюн – потихоньку начал овладевать этим языком. Посещал летние курсы в Государственном институте русского языка им. А.С. Пушкина в Москве и учился по обмену в Санкт-Петербургском государственном экономическом университете.

Беларусь — Брест

Я давно хотел съездить в Беларусь. Это была моя давняя мечта. Это может звучать смешно, и надо мной действительно не раз смеялись, когда я отвечал на вопрос, в какую страну я больше всего хотел бы съездить. Подождите, в Беларусь или в Белоруссию? Это хороший вопрос. Мы довольно часто встречаем обе формы и в интернете, и в СМИ. А есть ли разница между этими формами? «Белоруссия» — это русское название республики, расположенной западнее от Российской Федерации, а «Беларусь» — это, на самом деле, белорусское слово (поэтому пишется через А, в отличие от слов «белорусский», «белорус» и «белоруска», которые пишутся через О). Согласно Конституции,

которая написана на двух государственных языках — белорусском и русском, полным официальным названием страны является название «Республика Беларусь». Отсюда сокращение Беларусь. В Конституции использована исконная форма из белорусского языка, и она перешла и в русский язык. Некоторые считают, что остальные формы неправильные.

Пора возвращаться к теме. Беларусь никогда не находилась в центре внимания тайваньцев. Большинство знает об этой стране благодаря артистке из Беларуси, которую зовут Маргарита. Мне кажется, в соседних странах, таких как Россия и Польша, люди тоже мало говорят о своём соседе. В то время как соседняя Украина находилась в центре внимания всего мира, Беларусь вела себя тихо.

Существует много стереотипов и мифов об этой небольшой стране. Наиболее известными являются всякие шутки и мемы про белорусов и картошку. А что касается политики, то в СМИ власти Беларуси часто называют последней диктатурой в Европе, так как Батька (прозвище Александра Лукашенко) занимает должность президента более 25 лет (с 1994 г.). Кроме этого, часто шутят, что в Беларуси сохранился Советский Союз вместе с колхозами, милицией и сельсоветами. Ещё говорят, что в Беларуси чисто и порядки очень строгие. Например, если ты гуляешь по улице в темное время суток без светоотражателя, ты заплатишь штраф.

Как говорят, в каждой шутке есть доля правды. Чем больше я слышал и читал об этой загадочной республике, тем больше она меня привлекала. Я очень хотел увидеть всё своими глазами и понять, насколько это слухи, а насколько правда. Я несколько

раз собирался в Беларусь, но каждый раз меня отговаривали от поездки. Одни мне говорили, что из-за близких отношений с КНР Беларусь вообще не выдаёт визы гражданам Тайваня. Также я слышал версию, что оформить визу в Беларусь можно, но только в Пекине. А другие мне прямо говорили, что там скучно, смотреть нечего. Но это не обескураживало меня, я не очень-то верил этим словам и не собирался сдаваться. Наконец мой друг, Александр и его семья согласились сделать мне приглашение.

Мы с Сашей познакомились в 2017 году на подготовительных курсах в Польше. Мы учились вместе в одной группе 9 месяцев и сдружились. Я намного старше его. Когда мы стали одногруппниками, он был выпускником средней школы, а я уже окончил бакалавриат и успел поработать (по этому поводу Саша часто шутит, что мне уже скоро на пенсию). Я был очень рад тому, что ему не было скучно со мной общаться и что мы поддерживали контакты после окончания курсов. В июле мама Саши съездила в департамент по гражданству и миграции и оформила для меня приглашение, а потом Саша отправил его мне по почте. И опять не обошлось без проблем. Письмо почему-то шло ужасно долго, как будто ехало на черепахе. Я долго ждал, и мы уже думали, что почтальон потерял моё приглашение и мне придётся отказаться от поездки. Но вдруг оно прибыло, и я чуть не плакал от радости.

10 сентября 2019 г. я поехал в Варшаву за готовой визой и оттуда отправился в Беларусь. В половине шестого на восточном автовокзале к платформе подъехал старый красный автобус с надписью – названием города Пинск – и гербом города. Ну и поехали! Меня предупредили, что на границе бывает огромная

очередь и в ней можно простоять как минимум два часа. Но в этот раз мне повезло. Всё прошло быстро. На польской границе все пассажиры вышли из автобуса, и каждый прошёл паспортный контроль, затем белорусский пограничник вошёл в автобус и забрал у всех личные документы. Он спросил у меня, куда я еду и поеду ли я в Россию. На второй вопрос я дал отрицательный ответ (если честно, я считаю, что люди, которые собираются въехать в Россию нелегально, не признались бы в этом). Как только я порадовался удачному пересечению границы, автобус остановился. Нам сказали, чтобы мы взяли весь свой багаж для проверки. Такого строгого контроля багажа я ещё нигде не видел. Позже Саша мне сказал, что это на самом деле самая сложная часть пересечения границы. К счастью, проверка тоже не заняла много времени, и после полуночи мы добрались до Бреста. К моему удивлению, автобусный вокзал в Бресте оказался современным, чистым и светлым. Он лучше многих вокзалов в Западной Европе. «Кто сказал, что в Беларуси ещё Советский Союз?» — подумал я. Оказалось, что вокзал совершенно новый. Он открылся 29 мая этого года, а я просто приехал в лучший момент. В этом году Брест отметил тысячелетие основания города. Город впервые упомянут как Берестье в Повести временных лет 1019 года. Официальное празднование проводилось в начале сентября (к сожалению, я не успел на него попасть). И в честь этого исторического праздника построили и отреставрировали здания, в том числе автовокзал, театр, западный обход Бреста, набережную и мост. Брестчане шутили, что они ждали тысячу лет и наконец дождались.

Саша с мамой приехали за мной на автовокзал, и мы поехали за город в их дом. Они живут в Чернях, в агрогородке

за Брестом. Агрогородок   — это довольно новое понятие в Беларуси и означает тип сельских населённых пунктов. В законе агрогородок определяется как благоустроенный населённый пункт, в котором будут созданы производственная и социальная инфраструктуры для обеспечения социальных стандартов проживающему в нём населению и жителям прилегающих территорий. Как объяснил нам гид в Музее современной белорусской государственности в Минске, главной идеей агрогородка является поддержание такого уровня жизни в деревне, чтобы жителям не нужно было ездить в город за обеспеченной жизнью. Саша всегда говорит, что он живёт в деревне, а его подруга Настя всё время его поправляет.

Их дом находится почти на окраине агрогородка, это последнее здание в переулке, оно расположено напротив конечной остановки маршруток. На их участке стоит двухэтажный дом, двор большой и красивый, есть баня, сад, огород и пруд с фонтанчиком. В огороде они выращивают разнообразные фрукты и овощи, в том числе перец, помидоры, огурцы, малину и клубнику. В этом году они поставили во дворе батут и качели, но мама Вика мечтает ещё об изящной беседке во дворе.

В итоге мы проводили немало времени на улице. По утрам я ходил по росе по совету бабушки Светы. У неё часто болят ноги, потому что в молодости она много и тяжело работала. Она говорила, что ходить босиком по росе хорошо для ног. Днём мы с бабушкой собирали ягоды, а с Сашей и его младшим братом Андрюшей прыгали на батуте, пили кофе и чай, качались на качелях. В середине сентября в Беларуси уже похолодало, но

когда солнце еще светило ярко, было приятно сидеть под ним. Однажды вечером Саша пригласил к себе своих друзей, и мы вместе делали шашлыки во дворе. Хотя мы жарили шашлыки не традиционным способом (т.е. на шампурах), а на решётке, все равно было очень вкусно. Когда все блюда были готовы, мы сели за стол на качели и начали есть. Под безоблачным ночным небом с сияющими звездами и полной луной мы ели, пили, болтали, шутили – в общем, провели вечер весело.

Такой двор и такая сельская жизнь многим тайваньцам кажутся раем, особенно пенсионерам, которым уже надоели шум и суета городской жизни. А для меня, мальчика, родившегося и выросшего в мегаполисе, это совсем новые и яркие впечатления. На Тайване, тем более в Тайбэе, где земля дороже золота, для обычных жителей города такой стиль жизни остаётся мечтой. У нас мало кто может себе позволить такую «роскошь», в то время как в Беларуси всё это считается обычной вещью. Экономические показатели, как правило, не показывают всех сторон благополучия страны и качества жизни, а люди часто ищут то и мечтают о том, чего у них нет.

У Саши смешанное происхождение — его отец по национальности поляк, а мама белоруска. Но на самом деле, у мамы ситуация немного сложнее — у нее есть ещё украинские корни. Смешанные семьи вообще не являются редкостью в этой части мира. Во-первых, разные национальности в значительной степени перемешались в СССР. Во-вторых, западная территория современней Республики Беларусь, как и Западная Украина, в межвоенный период входила в состав Польской Республики. Из-за изменения границ после Второй мировой войны некоторые

поляки оказались за пределами современной Польши. В таких городах, как Новогрудок, Гродно и Лида поляки до сих пор составляют значительную часть населения.

Семья у Саши немаленькая. Папа, Сергей, работает за границей и редко бывает дома, а мама Вика работает в продуктовом магазине в Бресте. Кроме родителей, у Саши ещё два младших брата: Дима, он учится в Морской академии в Польше и любит собирать монеты, и Андрюша, он только в этом сентябре услышал школьный звонок. К сожалению, когда я был в Беларуси, папы Серёжи и брата Димы не было дома. Но зато с Андрюшей мы хорошо общались. В первый день он ещё немного стеснялся, но потом потихоньку открыл душу. Мы веселились, играя в разные игры – от настольных до ролевых по X-Box. Также мы вместе учили школьную песню «Теперь мы первоклашки».

Бабушка с маминой стороны, Света, часто приезжает к ним, чтобы помогать по хозяйству. Она меня буквально перекормила. «Коля, возьми малины!», «Коля, иди кушать!», «Обед готов!», «Коля, ты будешь кушать? Я разогрею суп» — это я слышал постоянно каждый день. В итоге я немного располнел. Но благодаря бабушке Свете и маме Вике я попробовал разные домашние белорусские блюда. Я уже не помню, когда я последний раз ел такие вкусные пельмени. Кроме того, что бабушка Света кормила меня, она также проводила для меня кулинарный мастер-класс. Она научила меня готовить молочную кашу, картофельную пиццу и блины. Я блинчики просто обожаю — и солёные (например, с сосисками и сыром), и сладкие (например, с сахаром и сметаной или с вареньем). Раньше на кухне в общежитии я часто видел девушек, пекущих

блины. Но на самом деле это не так просто, как кажется на первый взгляд. В русском языке есть пословица «Первый блин комом», но у меня и третий был комом. Получилось так, что есть я умею хорошо, но готовить не очень. Я обещал бабушке Свете, что попытаюсь испечь блины в общежитии.

Перед тем, как Саше исполнилось 18 лет, его семья по закону считалась многодетной. Благодаря этому статусу, они имели права на разные льготы. Самой привлекательной в списке является льгота по приобретению жилья. Чтобы бороться с демографическим кризисом, а именно, с падением рождаемости, государства многих стран проводят политику поощрения рождения детей. Например, в Польше в 2016 году ввели доплату – так называемые «пятьсот плюс», то есть 500 злотых (около четырёх тысяч тайваньских долларов) на каждого ребёнка в месяц. Но это меркнет в сравнении со льготами для многодетных семей в Беларуси. Здесь семьи с четырьмя детьми или больше получают бесплатную квартиру от государства. А в случае Сашиной семьи, им было предложено купить квартиру за 10 процентов её стоимости. Они мне показали эту двухкомнатную квартиру, которая находится в высоком жилом доме в спальном района Бреста. Такую политику невозможно представить у нас на Тайване.

Если бы меня попросили рассказать о самых незабываемых и необычных впечатлениях, которые я получил во время своего пребывания в Беларуси, я рассказал бы о том, как я парился в настоящей домашней бане. Баня знакома всем, кто смотрел советскую новогоднюю киноклассику – фильм «Ирония судьбы, или С лёгким паром!». Как любитель SPA, велнеса,

купания и сауны, как я мог пропустить баню?! Однажды я был в общественной бане в Петербурге, но в тот же день заболел. Скорее всего, я перегрелся. Тут я решился дать себе второй шанс, и всё прошло отлично. Мама Вика топила баню, пока мы умывались и переодевались. Перед входом в баню мы надели специальные шапки. Моя была похожа на шапку лётчика. В бане действительно было жарко, около ста градусов, а временами даже и выше. На деревянной скамейке было ведро, в котором лежали берёзовые и кленовые веники. Пока всё было похоже на нашу сухую парную — высокая температура и ароматный запах дерева. Вдруг мама Вика вылила ковшик воды из ведра на раскалённые камни, и сразу горячий пар разошёлся по всей бане. Температура была настолько высокой, что мы прикрыли лицо ладонями. Это был самый тяжелый момент в банной процедуре. Я еле выдержал. Мы вышли из бани через 10 минут и сели за стол, чтобы отдохнуть. Мама приготовила мятный чай из домашней мяты со своего огорода. Саша прыгнул в пруд, несмотря на низкую температуру на улице. Очень приятно было отдыхать и расслабляться после бани. Тело охлаждается, но при этом ты пьёшь горячий, вкусный чай. Это просто идеально! Теперь я понимаю, почему, как говорят, раньше сложные соглашения достигались в бане. Но это ещё не всё. Мы ещё несколько раз входили и выходили из бани. Я даже попросил, чтобы мама Вика похлестала меня берёзовыми вениками. Лёжа в клубах пара, как ёжик в тумане, я немного боялся, что будет дальше. Сначала на моё тело попали тёплые капли с банного веника, а потом посыпались удары. Я чувствовал, что горячий парной воздух впивался в мою спину. Это не было страшно, наоборот, мне даже понравилось! После бани я хорошо спал, и

самое главное, я не перепутал свою комнату с чужой!

Кроме Черней, нашего спокойного агрогородка, в котором вечерами часто не горят уличные фонари, мы также много гуляли по Бресту. Брест, расположенный в юго-западной Беларуси у границы с Польшей, является вторым крупнейшим городом страны по площади и шестым по численности населения. В городе можно найти архитектурные сооружения разных стилей. Самая известная достопримечательность Бреста – железнодорожный вокзал со шпилем – напоминает сталинские высотки. По обеим сторонам главной пешеходной улицы, называемой Советской, стоят европейские доходные дома. Советская улица — это центр развлечений брестчан. На этой длинной улице находятся магазины, кафе, бары, беседки и скамейки, скверы, главный кинотеатр в городе и много интересных памятников, например, «Счастливый сапог» и «ул. Миллионная». Но меня больше всего заинтересовал памятник тысячелетия Бреста, возведённый в 2009 году. Он состоит из четырёх частей: в центре памятника на высокой колонне стоит фигурка ангела-хранителя, держащего в руке крест. Вокруг колонны размещены исторические лица, игравшие важную роль в истории Бреста. Под ними установлен круговой барельеф, на котором описаны важные события в истории города, а в самом низу находится летопись города. Как только я увидел этот памятник, я сразу же вспомнил памятник «Тысячелетие России» в Великом Новгороде – похожий мотив и реализация. К тому же, на улице Советской сохранилась интересная традиция — каждый вечер фонарщик зажигает керосиновые фонари.

Во времена Советского Союза был известен не столько

сам город, сколько Брестская крепость. В 1965 году Брестской крепости было присвоено звание крепости-героя за героическую оборону во время Великой Отечественной войны. Она является единственной крепостью-героем в списке наряду с 13 городами-героями. Хотя современные историки начали смотреть на эту битву с другой точи зрения, оборона Брестской крепости в июне 1941 года, как и прежде, занимает важное место в народной памяти. В 2010 году вышел фильм, созданный на основе этого исторического события, под названием «Брестская крепость». Крепость находится на островах в западной части города, у впадения реки Мухавец в Западный Буг. Сегодня крепость является огромным мемориальным комплексом. Когда мы входили в комплекс через главный вход в форме пятиконечной звезды, мы слышали шум моторов немецких истребителей. В центре комплекса находится гигантский памятник «Брестская крепость-герой», в состав которого входят: памятник защитникам Брестской крепости, вечный огонь и скульптурная композиция «Жажда». Мемориал создан в типичном советском стиле   — всё просто огромное! Другой известной достопримечательностью, ставшей символом защиты крепости, являются Холмские ворота. На этом красном здании из кирпича сохранились следы от немецких пуль.

На другом берегу реки Мухавец находится самая старая часть Бреста (или точнее, «Берестья» по-древнерусски). Сегодня этот археологический комплекс работает как музей. На этом месте во время археологических раскопок, проведённых во второй половине прошлого века, обнаружили остатки деревянных построек XIII века. Здесь сохранилось две жилые постройки, что является редкостью в славянской археологии.

Проходя по выставке музея, мы ознакомились с образом жизни в средневековом Берестье.

В Брестской области, на границе с Польшей, находится один объект, который значится в списке всемирного наследия ЮНЕСКО — это Беловежская пуща. Беловежская пуща представляет собой крупнейший остаток реликтового первобытного леса на территории Европы. В пуще живут разные животные, но самым известным из них является европейский зубр. Зубр — это большое и сильное животное, похожее на бизона. Из-за разрушения среды обитания зубр сейчас считается исчезающим видом и занесен в красную книгу некоторых стран. Мы видели их в вольерах. Благодаря своему образу сильного зверя, зубр стал общим символом Беларуси и Польши. В Польше производят водку под названием «Зубровка», а в Беларуси зубра можно увидеть на гербах некоторых областей и спортивных команд, а раньше даже на денежных купюрах. Беловежская пуща круглый год привлекает много туристов, а зимой – самых маленьких, но совсем по другой причине — в этой пуще находится резиденция белорусского Деда Мороза! В России Дед Мороз живёт в разных местах, в частности, в Великом Устюге и на Урале, а в Беларуси у него единственная резиденция в Беловежской пуще. Мама Вика рассказывала, как много людей было в пуще, когда она приехала туда однажды накануне Нового года. Это и понятно. Какой ребёнок не хотел бы прийти к Деду Морозу и Снегурочке в гости и получить подарок!

Моё пребывание в Беларуси было коротким, но замечательным. В отличие от обычных путешествий, когда я просто перемещался из города в город, осматривая

достопримечательности, я, благодаря Саше и его семье, познакомился с реальной жизнью людей в Беларуси, которая недоступна для обычных туристов. Мы парились в бане, были в гостях на даче у дедушки Вани и бабушки Нины, были у друга Саши на домашней вечеринке — это были для меня незабываемые моменты и ценный опыт. Кроме того, мы посетили достопримечательности в Бресте и в Брестском районе, съездили в Минск, столицу Беларуси, и посмотрели Мирский замок. Так что туристическую цель поездки я тоже реализовал. От всей души благодарю Сашу и его семью за гостеприимство, и спасибо всем, кого я встретил в Беларуси, за компанию и за помощь. Как часто говорит Лукашенко: белорусы — это дружелюбный, гостеприимный народ. С ним можно не соглашаться в разных вопросах, но с этим утверждением я полностью согласен. На обратном пути я вспомнил патриотическую песню, которую мы услышали на мероприятии для молодежи в Брестской крепости, – «Это Беларусь, наша Беларусь!»: «Есть на карте много городов и разных стран, Острова и синий океан. Но в какой бы край ни завела меня судьба, Все мои пути ведут туда». Надеюсь, что моя дорога ещё не раз приведет меня в эту чудесную страну.

Михаил Чжэнь 詹竣翔

Сейчас я учусь в аспирантуре на географическом факультете. Я дважды побывал в Москве и Санкт-Петербурге в 2015 году, и мне очень понравились российские пейзажи, история и культура. Поэтому я старательно изучаю русский язык, чтобы еще побывать в России и пообщаться с русскими. Я верю, что «если вы хотите понять культурное наследие и исторические особенности страны, изучение языка напрямую — это самый быстрый способ».

Гора Крестов – место жертв, надежд, мира и любви

Гора Крестов находится в Шяуляе, в Литве, вдали от больших литовских городов (Вильнюса, Каунаса и др.). А почему это место называется «Гора Крестов»? На самом деле, сейчас никто не знает, кто первым очутился в этом месте и кто поставил здесь крест.

В каждом известном месте есть много легенд...

Говорят, что в четырнадцатом веке в этих местах жил один крестьянин, дочь которого умирала от тяжелой болезни.

Каждый вечер отец держал дочь за руку и долго молился, чтобы она скорее поправилась. Однажды ночью ему приснилась дочь, она сказала ему, что он должен изготовить большой деревянный крест, а затем отнести его на далекую гору рядом с деревней Мешкуйчай. Отец поверил в этот сон, поверил в то, что его вера в Бога поможет дочери выздороветь. Ему потребовалось несколько недель, чтобы дойти до горы с большим тяжелым крестом, при этом он шел по 13 часов в день. После того как он поставил на горе крест и вернулся домой, его дочь чудесным образом исцелилась. После этого случая люди стали каждый день приходить на гору, чтобы поставить на ней крест. Они тоже верили, что их родной человек будет исцелен. С тех пор гору с крестами стали называть горой чудес.

Как и во многих историях о других достопримечательностях, у этой истории счастливый конец. Но есть и другая, печальная, история. Известный художник и историк Vilius Puronas рассказывает о том, что на этой горе была церковь. Во время сильной грозы в церковь ударила молния, и она исчезла под песком вместе с находящимися в ней людьми. Местные жители говорят, что на рассвете у подножия горы можно увидеть призраков-монахов.

Была и еще одна легенда, тоже начала 14-го века. Согласно этой легенде, на горе находился старинный деревянный замок, в котором обитали литовские языческие аристократы. Но во время христианизации Ливонии (теперь Латвия и Эстония), осуществлявшейся насильственно, путем военных действий, замок был разрушен в 1348 году Орденом Братьев Меча (Order of the Brothers of the Sword). Многие воины-язычники, защищавшие

свой дом, погибли в этой битве и были похоронены поблизости. Многие литовцы считают, что их души, как и души монахов, появляются ночью на холме.

Немного истории...

Мы не можем достоверно знать, происходили ли в действительности события, описанные выше. Но истории, произошедшие во время Российской империи и в советское время, являются достоверными. После поражения антироссийской революции – восстания в Литве в ноябре 1831 года - некоторые люди начали ставить там крест для того, чтобы российское правительство не смогло найти точное местонахождение погибших воинов, участников войны против России.

После окончания Первой мировой войны в 1918 году Литва снова стала независимой, и Гора Крестов стала местом, где литовцы могли молиться за мир.

С 1940-го по 1990-й годы Литва находилась в составе Советского Союза. Но и будучи в составе многонационального государства, литовцы продолжали приходить к Горе Крестов, чтобы проявить верность своей национальной идентичности, религиозным убеждениям и традициям.

В 1993 году Гору Крестов посетил Папа Иоанн Павел II, который объявил, что это место предназначено для молитв о мире, о любви, о жертвах. Оно стало одним из мировых культурных достояний, популярной достопримечательностью для туристов.

Когда я был там...

Зимой 2015 года я наконец поехал в это место, которое представлял как мир моей мечты – мир, покрытый белым снегом, как в сказке. В тот день (это было холодное утро) мы сели на самый первый поезд, отправлявшийся из Каунаса в Шяуляй. Шяуляй показался мне тихим белым городком, может быть, потому, что мы приехали сюда ранним зимним утром и увидели на улице всего лишь нескольких человек. Мы прошли несколько кварталов и стали ждать автобуса до Горы Крестов. В автобусе мы поняли, что водитель не знает английского языка, и пассажир автобуса подсказал нам, где нужно будет выйти. Наш небольшой автобус проехал через центр Шяуляя, а потом и через деревню – и я удивился, что это заняло всего лишь 20 минут. Вид из окна автобуса становился все более и более пустынным. Наконец, мы добрались до нашей остановки и увидели на большом расстоянии усеянную крестами Гору Крестов. Дорога к горе была усеяна мелкими камнями, покрытыми льдом. У нас же была обычная, не приспособленная к такому дорожному покрытию обувь, поэтому мы немного волновались, выдержит ли она такие испытания. Мы осторожно подошли к подножию Горы Крестов и увидели магазин по продаже крестов разных размеров и стилей, но сейчас я помню только один маленький деревянный крестик без всяких украшений – всего за 1 евро. Мой друг купил его, чтобы установить его на Горе Крестов.

Должен сказать, что, когда я очутился у подножия горы, ее вид, безусловно, шокировал меня. Гора была очень большой, на ней было несколько тропинок вдоль маленьких улиц из крестов. Как я упоминал ранее, десятки тысяч крестов – это послания

людей, которые молились за мир и здоровье близких людей в будущем. Мы бродили по горе и искали подходящее место для нашего креста. Мы обошли гору и увидели кресты разных размеров (некоторые из них были даже больше 2 метров) и разных стилей (например, крест с Иисусом Христом или без него). Мы решили прикрепить наш крест к другому большому кресту на перекрестке. Так как мы спешили на обратный автобус и к тому же дорога до автобусной остановки была очень плохой, у нас было только 30 минут для посещения этого исторического места. Но, хотя это была и короткая поездка, впечатление о ней осталось глубоко в нашей памяти. Это чрезвычайно интересное место, здесь вы много узнаете о культуре и истории Прибалтийских республик.

Шайен Шэнь 沈祥茵

Меня зовут Шайен. В 2018 г. я изучала русский язык в Хабаровске. Во время учебы я самостоятельно съездила на поезде во Владивосток и в Иркутск. Для меня русское письмо выглядит лучше чем другие языки. Я считаю, что русские буквы более красивые, чем буквы в других языках. Мое внимание привлекла русская письменность, русская графика, поэтому я решила изучать русский язык в университете.

Необычное знакомство в Хабаровске

В 2018 году мне довелось учиться в Хабаровском университете, я изучала там русский язык. Из иностранных студентов русский язык изучали в основном студенты из Китая. Но были и пять студентов из Северной Кореи, которые привлекали к себе повышенное внимание.

Каждое утро, когда я заходила в учебный корпус, я слышала низкий голос: кто-то читал в аудитории, и его голос был жестким и монотонным. Когда дверь была открыта, я не могла не заглянуть, чтобы удостовериться, действительно ли такой голос издаётся человеком.

И оказалось, что да, действительно, это был голос, издаваемый северокорейскими студентами. И это происходило каждый день.

Их было шестеро. Среди них особенно выделялись двое: один был гораздо старше других, а другой был очень хорошо одет. Однако позже тот, кто был одет очень хорошо, исчез, и тогда взрослый студент начал одеваться очень хорошо.

Что произошло? Он занял место богатого студента? Он занял какую-то руководящую должность? Мне было очень любопытно, но я не смела спросить.

...

Северокорейские студенты всегда всё делали вместе (только в туалет ходили по отдельности). Они всегда носили на левой стороне груди красный значок с изображением Ким Чен Ына и его отца. У них был очень хороший уровень владения русским языком, но тем не менее они учились весь год в группе для начинающих. Им нравилось общаться с преподавателем, я часто видела это во время перерыва. Они не очень много общались с иностранными студентами, и особенно мало было контактов с нами, говорящими по-английски. Северокорейским студентам не нравились люди, которые знали русский язык лучше, чем они. Но когда они обнаруживали, что ваш уровень на самом деле не хуже, чем у них, они спрашивали ваше имя, серьезно смотря пятью парами глаз на вас, а затем уходили.

К счастью (или к сожалению?!), на меня они ни разу не смотрели так серьёзно.

Вся информация о северокорейских студентах была получена от моей лучшей подруги, которая приехала в Хабаровск из Сирии и, к несчастью (как она всегда мне говорила), попала с ними в одну группу. Я не могу себе представить, что мог бы быть такой случай, когда я могла бы поговорить с ними по-корейски или по-русски.

...

Таинственная группа людей, на груди которых выделяются маленькие красные значки, стоит в растерянности с черными сумками на улице. Один из них ищет что-то в мобильном телефоне.

В это время я возвращалась из супермаркета с десятилитровой бутылью питьевой воды. Погода была очень хорошая (но вода слишком тяжелая!), день казался гладким как обычно, кроме того, меня согревала мысль, что через несколько месяцев я уже вернусь на Тайвань (когда теперь я снова увижу северокорейцев?!) – вероятно, поэтому я внезапно подошла к этой таинственной группе и начала говорить низкорослому корейцу, которого я знала: «여기서 뭐 해요?» («Что вы здесь делаете?»).

Сразу после того, как я это произнесла, я почувствовала, что что-то не так. Наверное, корейский язык различается по своему произношению в Южной и Северной Корее, но я определенно не говорю с северокорейским акцентом! Как и ожидалось, северокорейские студенты хмуро смотрели на меня, не говоря ни слова. Но я не хотела уходить! Это было бы слишком невежливо. Поэтому я перешла на русский язык и попыталась

заговорить с ними снова.

–Вас редко можно видеть на улице … Сегодня ваши уроки закончились так рано …

–Ммм…

–Лёд на реке только что ушел. Вы ходите туда, гуляете там?

–Ну…

Всё время мне отвечал только самый взрослый студент, а остальные четыре пары глаз молча смотрели на десятилитровую бутыль воды в моей руке.

Если смущение могло бы убивать людей, я, вероятно, могла бы умереть от этого сто раз …

– Вы, похоже, смотрите что-то на карте. Заблудились?

И в этот раз мне никто не ответил.

Кажется, надо было уходить. Самооценка человека должна быть очень важна для людей во всем мире, особенно для мужчин. Хотя я не могла бежать далеко с десятью литрами воды, но я была готова как можно быстрее покинуть это место. Что касается моей самооценки, … – ну, это не так много стоит!

– Скажите, пожалуйста, как нам пройти в супермаркет?

Кто-то что-то сказал?!

– Мы хотим купить …

Да я совсем не хочу знать, что вы что-то купите!!!

– Ну ... вы знаете, где супермаркет?

– Перейдите дорогу и поверните направо. Красная крыша!

И я быстро убежала.

...

С тех пор таинственная группа стала махать мне, когда они меня видели. Самый взрослый студент говорил мне «Привет» и «Пока», когда курил внизу.

Итак, если вы достаточно смелы, чтобы поколебать самооценку северокорейского мужчины, вы станете ближе друг к другу? ...

Но я до сих пор не уверена, что я правильно всё понимаю.

Примерно через месяц я узнала от своей подруги, что однажды в перерыве эти пять северокорейцев окружили её и стали серьезно спрашивать, кто такая её подруга из другой группы. Поскольку она была очень напугана, она без колебаний рассказала им обо мне всё, включая мою национальность, имя, возраст и место жительства.

Но это уже другая история.

從莫斯科大尼基塔街望向大耶穌升天教堂。（丘光／攝）